琰琰 著

办一场属于自己的婚礼

婚礼筹备完整指南

中信出版集团 | 北京

图书在版编目（CIP）数据

办一场属于自己的婚礼：婚礼筹备完整指南 / 琰琰著. -- 北京：中信出版社，2022.10（2022.10 重印）
ISBN 978-7-5217-4462-0

Ⅰ. ①办… Ⅱ. ①琰… Ⅲ. ①结婚—礼仪—中国—指南 Ⅳ. ① K892.22-62

中国版本图书馆 CIP 数据核字（2022）第 093868 号

办一场属于自己的婚礼——婚礼筹备完整指南

著　　者：琰琰
出版发行：中信出版集团股份有限公司
（北京市朝阳区惠新东街甲 4 号富盛大厦 2 座　邮编　100029）
承 印 者：天津丰富彩艺印刷有限公司

开　　本：787mm × 1092mm　1/16　　印　　张：16　　字　　数：250 千字
版　　次：2022 年 10 月第 1 版　　印　　次：2022 年 10 月第 2 次印刷
书　　号：ISBN 978-7-5217-4462-0
定　　价：72.00 元

CONTENTS
目录

CHAPTER 3 组建你的婚礼团队

CHAPTER 4 婚礼现场布置和设备

CHAPTER 5 婚礼的环节、流程和执行

CHAPTER 6 有关备婚中的买买买

CHAPTER 7 关于婚纱照，我有话要说

CHAPTER 8 真实婚礼

序

你的目标不是婚礼，

而是真切地感受到幸福。

谨以此书献给所有揣着婚礼梦的少女。

这是一本写给夹挤在长辈和自我之间的新娘的生存指南。

感谢我的丈夫——邱老师一路陪伴。

自我介绍

你好，我叫琰琰
——念 yǎnyǎn，不是淡淡

在翻开这本书之前，请先允许我做个自我介绍吧！

我叫琰琰，跟你一样，也曾是个正在备婚的新娘。

10 年前，为了快点结束“该死”的异地恋，我决定从纽约搬回北京，和男朋友（现在是我的丈夫）邱老师结婚。决定回国的那个月，我已经拿到了一份不错的 offer（工作录用信），实习学校的校长承诺在 OPT（美国留学生合法工作许可）结束后，继续为我申请美国工作签证。在我决定回国并谢绝他的那个下午，校长很诧异地告诉我，我是第一个拒绝这份工作的中国学生。但他去过上海，深知中国发展的速度，纵然惊讶但非常理解。不过说出这些话的美国校长并不知道，站在他对面的这个中国女孩儿，归心似箭的理由只有一个：结婚！我结婚的对象，正是我的初恋男友，他因为总爱在图书馆给别人讲题，人称“邱老师”。

迄今为止，我和邱老师已经在一起 23 年了。

2000 年，我和邱老师于天津四十二中

你没看错，是 20 多年。最苦的阶段，是我们长达 8 年的异地恋时期，我们之间一度远到南半球和北半球的距离。2011 年，也是我们在一起的第 12 年，邱老师从布里斯班打越洋电话到纽约来，说一起回国结婚吧！就这样，在 2011 年的冬天，我们决定一起搬回北京定居。

在北京相聚的日子，跟我们想象的不太一样。我当时在北六环的一所国际学校教书，而金融专业毕业的邱老师，则在西二环的金融街上班，这对生活在拥堵的大北京的我们来说，无疑跟以前的异地恋别无两样。连我自己都不敢相信，我们就这样又度过了 3 年的“同城异地恋”时光，直到我的学生从高一升到高三，顺利申请到美国的大学，我们才结束这段日子。

2013 年 8 月，邱老师在我暑假的最后一天向我求婚。他把我“骗”到了三亚，在亚龙湾拿出了钻戒，这桥段虽然老套，但对于从小就喜欢大海的我来说，再浪漫不过了。就这样，在相处的第 14 年，我们真的真的要结婚了！我们把婚礼定在了来年的高考当天：2014 年 6 月 7 日。那时候的我怎么也不会想到，我的婚礼竟然改变了我的人生。

摄影：ivre 以禾摄影工作室

备婚故事

我辞职了
——被徐小平老师邀请见面

1 | 2　1 摄影：Minus
2 摄影：三段锦

2013 年 8 月，邱老师向我求婚之后，我便开始筹备婚礼，当时的我们居住在北京，跟父母初步沟通后，决定在老家天津举办婚礼。

在这之前，我对婚礼几乎一无所知甚至带有偏见，邱老师因为出国留学近 7 年，连国内的婚礼都没参加过。我当时对婚礼的所有正面印象，全都来自我在纽约的室友 Polina（波利娜），她研二那年在纽约边上的小镇举办了婚礼，我参与了她整个备婚过程，因此印象深刻。

Polina 举办婚礼的场地是独栋的三层小楼，那是她跟男友第一次约会的地方。房子前面有一片广阔的草坪，他们就在那里交换了戒指。宾客只有三五十人，都是亲近的朋友，婚宴只有冷餐

和比萨，大家喝着酒，聊着天。夜幕降临时，他们在那栋楼里开了一场小型派对。

看到了 Polina 的婚礼，我也开始幻想我们整场婚礼的模样。我希望有个独栋的小房子，能容纳所有来参加婚礼的人，房子前面是游泳池，这样我们可以在晚上办一场泳池派对。我坚持要一个像样的走道，这样我可以挽着我爸缓缓出场。哦，对了，我爸是厨师，当天可以给大家做我最喜欢的炸虾，大家还可以烧烤，我最爱烤肉了……

带着这样天马行空的想法，我探访了第一家在互联网搜到的婚庆公司。接待我的女生长相甜美，见我的第一面就邀请我当伴娘，十分热络。她拿出了两份爱情问卷，让我跟邱老师背靠背填写。我交卷的时候，姑娘一边感叹我们的爱情，一边拿出原价 8 万而当天折后价为 5.8 万的高级定制套餐，其中包括各种婚礼道具、鲜花和总监级别策划师的服务等。

我当时完全蒙了："等一下，我们连婚礼场地都没有定，报价是怎么给出的？"这感觉就像房子还没买，装修报价就出来了一样，太不可思议了。我本来以为只是这一家公司不适合我，可当我接二连三地又去了其他几家婚庆公司后，我几乎放弃了办婚礼的想法，原因是我几乎无法跟婚礼公司沟通。

"我们想找一栋小房子，门前最好有泳池，我想在婚宴之后开一场泳池派对，你可以帮我们找场地吗？天津有这样的地方吗？郊区也可以考虑。"

"您想要订多少钱一桌的婚宴呢？"

"婚宴？你说吃什么，对吗？这个我还没想

过。如果预算不够，我曾想过吃比萨和麦当劳。"

"哦，真有意思，您家住在哪个区？当天从家走吗？婚车您要不要看一下？我们这有宾利、劳斯莱斯，头车一定得气派！"

"哦，不用了，我们开自己的车。"

"哦，那您看看我们这里的总监级摄影师，我们从韩国请来的化妆师可以给您加到套餐里，这个套餐我给您打八折……我们的策划师是分等级的，总监级别策划师是给明星策划过婚礼的，您看一下案例，她采取了粉、灰、金三个颜色……另外这个是我们的高级策划师，具备多年策划经验，这个是真实案例的效果图……您看需要哪个等级的策划师？"

之后的一个月里，我又先后去了婚礼展会、各大婚礼平台，搜集一圈下来，我再一次验证了自己的想法——这世界好像没人听懂我在说什么。我问 Polina 究竟该怎么办，这时我才知道，世界上有个职业，叫作婚礼策划师。很快，我在网络上联系了几位婚礼策划师，她们不是销售经理、高级顾问，而是真正的婚礼策划师，这让我顿时松了口气。

在后来的日子里，我选错过婚纱，试妆当天照着镜子就哭了；摄影师是最后三天才定的；婚礼前一天还在剪辑视频；因为忽略了统筹，婚礼当天一度陷入混乱……全部过程和最后的结果，你将会在这本书里慢慢看到。而我自己，在办过一场婚礼，也参与过上万场婚礼的筹备之后，开始撰写你看到的这本书。

摄影：Minus

摄影：Minus

2014 年，正式开通公众号“琰琰婚礼日记”。

2015 年，“琰琰婚礼日记”收获百万点击率，同年，我辞掉了教师的工作。

2016 年，公众号文章阅读量破亿，我登上深圳卫视，被真格基金创始人徐小平老师亲自约见，并指导创业。

2017 年，成为第一位被巴塞罗那婚纱时装周官方邀请的中国博主。

2018 年，全网粉丝破百万。

2019 年，我生了个娃，取名“薯条”。

2020 年，我开始撰写《办一场属于自己的婚礼》。

这就是我创业几年来的简要历程，这几年来，我采访了上万位（准）新娘，记录了上千场真实婚礼，探索了国内近百个大大小小的婚纱店和设计师品牌，沟通了无数用心的策划师、摄影师、主持人、化妆师……对于婚礼手艺人和婚礼品牌，我都如数家珍，并和很多婚礼手艺人成了生活中的好友。真高兴，我的“琰琰婚礼日记”竟让整个行业产生了一些变化。

我一直为如何描述自己的工作而感到发愁，身边的朋友也一度误认为我是婚礼策划师或婚纱店老板。在创业的几年里，我也曾想改行做摄影师或者设计师之类的职业，但我自知根本没有足够的天赋。正因为这份欠缺，我反而找到了自己的天职，并见证了这几年来中国仪式感的变迁，对此我感到非常幸福。

摄影：Minus

我的公众号里有我 8 年来总结的攻略经验，
可以在公众号内回复关键字查看。

1. 备婚表格
2. 真实婚礼
3. 琰琰婚礼视频（琰琰自己的婚礼视频）
4. 琰琰探店
5. 婚纱品牌清单
6. 婚鞋品牌清单
7. 请柬（请柬攻略）
8. 买买买清单

扫码进入公众号

阅读指南

写给新娘

——你的目标不是婚礼，而是幸福

你自己可能都没意识到，正在翻开这本书的你，正经历着人生最幸福的时刻。作为本书的作者，我想先聊几句。

首先，我想说说我眼里的婚礼。

我内心十分笃定，仪式是能给人带来巨大冲击力的。你真的要切身体会，才知道它的珍贵。仪式就像人生这条线上的一个个结，让我们有了活过的实感，包括我们的生日仪式、成人仪式、誓师仪式、毕业仪式，以及我们的婚礼仪式。

婚礼花费的金钱和精力，其实并没有你想象的那么多，一场不过度、恰到好处的婚礼也十分美好。婚礼真的可大可小，可轻可重，并没有绝对的标准样式。希望我的这本书，能给你的婚礼筹备带来灵感和勇气。

其次，我想聊聊我眼里的备婚。

比起婚礼最终的成果，我认为备婚的历程更为珍贵。我当然知道婚礼的烦琐，以及游走于自我与长辈之间、预算和梦想之间的纠结，可在我心里，这个过程本身就像“少女成人礼”，所有的焦虑、担心、挣扎和纠结皆为修行的契机，以便我们日后做好妻子、当好母亲。多重身份的人生，不妨从婚礼筹备开启。

最后，再聊聊这本书。

这是一本备婚指南，提供尽可能全面的信息是我写这本书的职责所在。但从现在的社交媒体上获得信息，实在是太容易了！除了我这本书，还有大把的“Instagram”（照片墙）账号、笔记、视频，能给你无限的婚礼创意。这些信息获取得越多，你的婚礼也可能办得越精彩、越有趣。可随着我见过的新娘越来越多，我发现事实并没有我想象的那么美好。信息爆炸，让新娘莫名陷入“一辈子就这一次”的焦虑当中，过多的信息不但没有让新娘安心愉快地准备婚礼，反而让她越来越困惑。

信息是无穷无尽的，而你只是想办个婚礼来庆祝两人美好的相遇，纪念你们找到另一半、开启新阶段的喜悦。婚礼只是一个过程，所以即便你一会儿发现本书的内容体量非常庞大，我仍希望你时刻谨记——你的目标不是婚礼而是幸福。

祝你和家人，在备婚路上，安心喜乐。

引言

婚礼不是“凑十人一桌”吃顿饭，
再“凑一人五百”结个账

在开始聊婚礼之前，我必须在这本书的开头，再次跟你表达我的祝福。虽然我在前面已经表达了这份祝福，但我猜，你可能没看到。

我叫琰琰，和丈夫邱老师、儿子薯条，住在北京朝阳麦子店街，所以严格意义上，这是一份来自“朝阳群众”的婚礼祝福。虽然我们无法见面，但我想通过这段文字，跟你和你的家人道一声“恭喜”，恭喜你遇到一位可以携手走完一生的人。

这本书将会让你从备婚“小白”变成一位婚礼达人，随着你深入了解婚礼，有了一场婚礼的整体思考，备婚中的焦虑和纠结都会随之减少。请相信我，坚持把这本书读到第八章，你会有种拨云见日的幸福感。

不管你现在是已经收获了一枚令人惊喜的求婚钻戒，还是遇到了一位可在未来同行的伴侣，此时此刻，你都已经做出了人生中最重要的决定之一。你是真的真的要结婚了！这一路走来，你经历过无数个怕自己太主动又恨自己太矜持的下午，无数个冲着微信对话框傻笑的晚上，个中艰辛和眼泪促成了今天这个令人无比幸福的人生决定。在即将到来的备婚路上，请一定牢记此刻的心情，这真是咱们人生中最幸福的时刻之一了。

为了庆祝这个时刻，人们发明了三种仪式：领证、拍婚纱照和举办婚礼。领证，显而易见，在任意一方户口所在地的民政局都可以办理，虽然领证也涉及很多有趣的穿搭和庆祝方式，但碍于篇幅有限，我就不在这本书里展开描述了。在这本书里，我主要跟你探讨的是婚礼和婚纱照。

在国内，一提到办婚礼，人们几乎想不到什么正面词汇，如份子钱、闹洞房、又贵又坑等。不办遗憾、办了更遗憾，是大部分人对婚礼的想法。但作为办过一场婚礼并帮助上百万粉丝筹备过婚礼的“婚礼狂人”，我认为婚礼是非常神圣且幸福的，毫不夸张地说，我们当中的大部分人可能都没参加过一场真正意义上的婚礼。

婚礼不是“凑十人一桌”吃顿饭，再“凑一人五百”结个账，更不是敬个酒、拿个份子钱草草

拍摄于 2020 年春节，我和邱老师于北京的家中，图中 7452 是我们在一起的天数

了事。它是充满尊重、爱和幸福感的仪式，是宣布你们结为夫妻的神圣时刻，而不是嘈杂的、浪费的和令人焦虑的。

过去几年，我一直从事婚礼采访和记录的工作，因为这份工作，我有机会接触大量的新娘和她们的真实婚礼。令我惊喜的是，在这个过程中我渐渐看到了婚礼真正的模样，它不是婚宴，不是鲜花，不是茅台、五粮液、中华烟，更不是份子钱、大排场、面子。我很难说清楚它真正的样子，但我知道，当婚宴结束、宾客散去、鲜花撤掉、灯光熄灭之后，依然留在我们心里的就是婚礼，它有感动，有眼泪，有不舍，有兴奋，有幸福。

想要体验这种幸福感，并办一场能让更多人体会到幸福的婚礼，你需要在筹备婚礼之初提前做一些规划。如果此时的你，还没有做出任何消费决策，比如订场地、选婚期、挑婚庆，那么恭喜你，请务必读完这本书之后再去交钱，你将拥有意想不到的清晰思路。如果你已经交了钱，订了场地，选了婚庆，也不要紧，相信这本书也能帮你很多。

截至 2021 年，我已经帮助近百万新娘筹备了婚礼，我发现了一条规律，那就是新娘在想清楚自己的婚礼需求之后，再去交定金、选商家，备婚过程会更加愉悦顺利。大部分新娘之所以觉得累、焦虑、被坑被骗，主要是因为跳过了思考婚礼这一步，直接跑去定场地、选婚庆公司，我举个例子你就明白了。

我的读者 @ 王小花给我的公众号投稿的时候告诉我，她被骗了 12 万，叫我一定发出来，劝大家别走她的老路。她的婚期是 6 月 16 日，是家里算好的日子，场地是当地最经典的酒店大厅，是公公托人订的，还打了个小折扣。酒店推荐了两家合作很好的婚庆公司，她也去当地的婚礼展会和各大网站对比了一圈价格和效果，最终订了酒店推荐的一家婚庆，套餐折后价是 8.3 万。交完定金之后，王小花就开始在社交媒体上搜索和保存美图，一张张发给策划师，还提了很多有关婚礼的想法，比如希望和宾客玩几个游戏，以及给老公一个惊喜之类的，这时问题来了。策划师先是告诉她，她想要的效果，是套餐价格不包括的，需要额外加钱，并发来新的报价单。王小花一看，从 8 万多加到了 12 万。除此以外，在思考环节和流程上，策划师也没什么热情，用王小花的话说，交了定金之后，策划师就没听懂她在说什么。婚礼的最终效果，跟王小花发的图南辕北辙。

你觉得新娘王小花的问题出在哪里？大部分新娘都跟她一样，觉得新娘是被坑被骗，8 万的套餐愣是被加到了 12 万，但我并不这么认为。虽然一些婚庆公司会存在恶意推销的行为，但在这个故事里，最大的问题在于，王小花从一开始就做错了消费决策。

琰琰："你为什么要办这场婚礼？"

王小花："为了给父母一个交代。"

琰琰："那你最后又为什么对婚礼不满意？是你父母不满意吗？"

王小花："不是，是我不满意，我想既然都办了，就办好点。"

琰琰："所以你在给父母一个交代的同时，也想给自己一种仪式感，对吗？"

王小花："好像也对。"

琰琰："那既然要仪式感，你还会选择当初那家婚庆公司的套餐吗？"

你发现了吗？在根本没有任何思考的情况下，就交出了定金，才是王小花最大的问题。如果在筹备婚礼之初，王小花在订场地、选婚庆公司之前，先停下来思考自己想要的婚礼是什么样的，以及自己选的婚庆公司能否满足自己的需求，也许就能做出更合理的决定，而不至于"被坑被骗"了。

对婚礼没有任何了解和思考，在备婚第一步就交定金的新娘可不止王小花一个，这甚至是大部分新娘都容易犯的错误。对婚礼没概念，又着急定婚期、选场地、挑婚庆公司，害怕错过就订不到了，家人又一直催，毕竟时间紧、任务重，于是觉得赶紧交钱才踏实——如果这正是你的心声，那么就听听另外一个故事吧。

假设你现在要去开一家小店，你根本没想好自己为什么要开店、开什么店，你就匆忙租了个店面，定下了开业日期，雇用了几个人，毕竟再不租，场地就被别人抢去了。在接下来的日子里，你匆忙搜集资料，突然发现自己想开的，竟然是间咖啡店。回头看看，店面却是个酒楼，你喜欢的效果其实并不贵，可想在酒楼里实现，就需要更高的预算了，装修费一下就超标了。而你雇用的厨师对川菜领域非常了解，唯独没做过咖啡，可合同都签了，场地也订了，雇工也来了，钱也不退了。于是你发了几个咖啡制作攻略给厨师，还希望他们给点意见，就这样，一屋子川菜厨师加上一个酒楼，就算你把预算提高三倍，他们恐怕也无法帮你开一间咖啡店了。如果早点知道自己想开的是间咖啡店，那么就会去找一间明亮的白色房子，装修不用太多钱，省下来的钱还可以雇一位特别棒的咖啡师。如此显而易见的道理，90% 的新娘都没明白。

备婚的过程，跟开店特别相似，如果你打算开一间小店，你需要首先了解方方面面的信息，比如成本、利润、人员、设计、装修等。只有这样，你才能更清晰地知道开什么样的店，应该开在哪里，花多少钱开，雇用什么样的人，等等。想要办一场有幸福感的婚礼，你最好清楚地了解该找什么样的婚礼策划、婚庆公司、什么样的婚礼场地，甚至在哪一天结婚最划算！所以你千万不要跳着阅读这本书，否则会错过很多重要的信息。

我将这本书一共设置为八章，前六章都在讲筹备婚礼，从思考婚礼，设定婚礼的基本框架，组建团队，手把手教你怎么选到合适的婚礼策划和“四大人员”（摄影，视频，化妆，主持），到现场设计、布置道具，设计婚礼当天的流程环节，再到买婚纱、礼服、伴手礼等。总之，我把我能想到的有关筹备婚礼的细节都列在这里了。相信阅读完前六章，你自己的婚礼模样，已经跃然纸上了。

第七章讲婚纱照，这是一个很特别的板块。我把拍婚纱照称为一场迷你婚礼，跟筹备婚礼一样，婚纱照拍不好，也很容易造成遗憾。拍婚纱照都需要注意什么细节，容易犯哪些错误，本章都一一列举了。

第八章精选了过去几年里新娘读者的幸福婚礼，希望这些婚礼能给你带来灵感和启发。

在这本书里，我把我能想到的有关婚礼的一切，都讲给你听了。在阅读这本书的过程中，请务必一直记得，你正在经历着人生最幸福的时刻之一，你的目标不是无懈可击的完美婚礼，而是真真切切地感受到幸福。

好啦，引言就写到这里，在一起出发备婚之前，我还想告诉你一件事——你知道吗？其实你即将翻开的，可不只是一本书，也是琰琰我从 27 岁到 35 岁的 8 年人生。谢谢你们给了我这个机会，让我做了一份世界上最幸福的工作，见证了无数人的幸福，也收获了无限的幸福。

最后，再一次，祝你和家人，在备婚路上，安心喜乐。

CHAPTER

1

关于婚礼，
你需要知道这些事

这位新娘，你好。

我叫琰琰，这本干货满满的备婚攻略是我过去几年来的心血。容我提醒一句，这本书千万不要跳着读，从引言开始，就有很多干货啦！可不是随便打个招呼的废话哟！好啦，接着往下唠。

CHAPTER 1

要办婚礼，第一步该干什么

首先，我想让你对婚礼有个整体概念，或者说让你清晰地知道，接下来要面临的婚礼究竟是什么样的。我私下里很喜欢用开店的例子来打比方，举办一场婚礼跟开一间只营业一天的快闪店非常相似，只不过快闪店是贩卖产品，而婚礼是在传递幸福。

第一步：思考婚礼

假设你现在要开店，第一步要解决的问题就是：你为什么要开店？你想开间什么样的店？咖啡厅还是串串香店？这一类的店要花多少钱？同样，备婚的第一步是要好好问问自己：你究竟为什么办婚礼？你想要一场什么样的婚礼？这样的婚礼要花多少钱？你是因为“别人都办了，我也要办”，还是为了份子钱或给父母和亲戚一个交代？如果不用考虑这些，你期待自己的婚礼是什么样？是一场泳池边的派对，还是一场热闹的游园会，或是只有两个人、一棵树、一片草地的帐篷露营？总之，打开你的脑洞，幻想一下吧。你正在阅读的第一章对应的就是这一步，这里的所有内容都像一个个小火花，激发你对自己婚礼的构想，你不是从我这寻找答案，而是通过这些文字发现你心里本来就存在的那个答案。

第二步：设定婚礼框架

假设你经过思考之后，确定自己要开的是一间咖啡店，那么此时的你，肯定要去物色店面啦！同样，经过了对婚礼的认真思考，脑袋里有了对婚礼的初步构想——是小型婚礼还是经典婚礼，是目的地婚礼还是迷你婚礼、答谢宴婚礼等，确定了基本的形式之后，接下来就要算人数、选婚期、订场地。在第二章，我会把这些事项需要注意的细节，都一一列出。注意，有的新娘会在这时聘请专业的婚礼策划师，我认为这也是非常不错的选择，但十分考验预算和运气。

第三步：组建婚礼团队

我们继续构想，假设此时的你已经为自己的咖啡店租到了一间很好的店面，接下来，你要干什么？如果你要把这间店，设计成你喜欢的样子，你可能会用设计师、装修队，也要开始物色优秀的咖啡师、可爱的服务生了。备婚也是类似的流程，在确定了婚期和场地之后，你就要为自己的婚礼聘请专业的婚礼人了，比如婚礼策划师、设计师、摄影师、化妆师等，有的新娘也会雇用甜品师、纸品师、插画师、乐队等。办一场婚礼都需要哪些人、多少钱，在第三章我们都会聊到。

第四步：设计婚礼现场

跟开店需要装修一样，婚礼也需要“装修”，选好了婚礼策划团队，接下来就要开始对婚礼现场进行装修啦。我们通常把婚礼现场的装修称为婚礼设计（布置），涉及鲜花绿植、签到台、仪式背景、桌花等，除此之外，音响、麦克风、灯光等设备也包含在这一步里。如何选出适合自己的婚礼风格、怎么在预算内达到最好的效果……咱们会在第四章探讨。

第五步：确定婚礼流程

这一步，我就不再用开店比喻了。从你早上起床那一刻开始，婚礼的这一天要如何度过，从化妆、接亲、敬茶改口，到独处时刻、婚礼仪式、敬酒晚宴等，这些都属于流程和环节这个板块。婚礼一般都有哪些环节、流程和创意，我会在第五章里详细描述。

第六步：买买买

最后一步，就是咱们女生最熟悉的环节：买买买。婚纱、出门纱、婚鞋、西装、戒枕、晨袍、睡衣、内衣、妈妈装、婚纱衣架等，办场婚礼都要买哪些东西，这些东西怎么挑，价格如何，我都会在第六章里一一阐述。

以上就是筹备一场婚礼的六个步骤：思考婚礼，设定婚礼框架，组建婚礼团队，设计婚礼现场，确定婚礼流程，买买买。怎么样？现在的你是不是对婚礼已经不再一头雾水啦？别急，后面的内容，会让你越来越清楚地认识婚礼！

CHAPTER 1

2

婚礼，究竟是什么

婚礼不是拼桌吃饭，然后用份子钱结账

聊完了备婚的六个步骤，我想跟你探讨一下婚礼究竟是什么。说出来你可能不信，我跟邱老师在备婚之初，甚至冒出不办婚礼的想法。后来在工作中，我才发现，跟我想法类似的新娘可不占少数。很多新娘不但不想办婚礼，甚至对婚礼嗤之以鼻，一想到结婚都头疼，恨不得只领个证，出去玩儿一圈就算了，“如果不是为了父母，我们可不想办婚礼”。我抱着好奇的心情采访了这些新娘，结果不出所料，大家讨厌婚礼的原因都是过往参加的婚礼实在太“可怕”了。

我小时候第一次参加婚礼，新娘是我的远房表姐，婚礼当天，我妈带我走进酒店大门，迎面摆着三块印着婚纱照的指示牌，我们本来就没怎么见过新娘，而眼前三张婚纱照上的新娘乍一看竟然有点相似，迷茫之际，还好我妈灵机一动，从我表姨父的姓上猜了个大概，真庆幸当时没有同姓的新娘。我们顺着指示牌来到二楼大厅，现场可真热闹呀，一桌连着一桌，我跟我妈坐在了表姨亲戚这桌。我一边吃瓜子、喜糖，一边无聊地听着大人聊天，后来灯光闪烁，忽明忽暗，我一开始还误以为主持人是新郎，因为他说的话最多，总之整个晚上都乱哄哄的，吵得我想快点回家。表姐跟表姐夫过来敬酒的时候，我妈送了一个红包。以上就是我最初对婚礼的全部印象。

我第二次接触婚礼，就是开头提到的，在纽约，它彻底颠覆了我的婚礼观。我的室友Polina，刚好在入学的新生欢迎会之前，被男朋友求婚。所以在开学的第二周，我第一次去长岛的市区，竟然是陪室友修改她的求婚戒指尺寸，她男朋友买大了……就这样，我竟然误打误撞地参与了一位美国本地人的备婚全程，也正是这个经历，让我恍然大悟：哇！原来婚礼还可以这样！

前后两次参加婚礼的强烈对比，让我惊讶地发现，原来我曾不知不觉地陷入对婚礼的某种刻板印象里不能自拔，所以如果你跟我一样，一提到婚礼就没什么好印象，那就来看看刻板印象与其他选择的对比吧！

婚宴 & 举办婚礼的场地

× 刻板印象

婚礼必须预订一桌一桌的婚宴；

婚礼必须在宴会厅、草坪或教堂举办；

婚礼从仪式开始到敬酒吃饭都必须在同一个大厅里。

✓ 其他选择

在婚礼上吃火锅、羊肉串、比萨、牛肉面、寿司、西餐甚至炸鸡；

可在树林、山顶、酒吧、别墅、咖啡厅、图书馆、学校甚至自家后院举办婚礼；

可以在场地 A 举办仪式，再转到场地 B 用餐。

婚庆

× 刻板印象

婚庆就是套餐，中间放舞台，两边摆圆桌；

办婚礼，必须找婚庆公司。

✓ 其他选择

自己动手举办婚礼；

原来还有专业的婚礼策划师这个职业。

1
—
2

1 摄影：曾小夏　策划：莉莉格林婚礼策划

2 摄影：余伟　策划：派花侠

婚车

× 刻板印象

劳斯莱斯、宾利、奥迪、宝马车队。

✓ 其他选择

不租用婚车；

开自己的车；

网约豪车 / 专车；

骑自行车，租复古小车，步行。

婚纱照

× 刻板印象

影楼套餐，几套服装和几种造型，展示架，相册，摆台。

✓ 其他选择

找摄影师工作室拍摄；

不花钱，自己用三脚架拍摄；

在婚礼当天拍摄婚纱照；

不拍婚纱照。

1
2
3

1 摄影：卜马

2 摄影：鲁大潘

3 摄影：黄小毛

怎么样？看完上面的对比，你是不是也对婚礼有点新想法了？我自己真的觉得，在过去的几十年里，婚礼本身的样子在筹备的过程中太容易被忽略了。我们都在忙着比价格，挑套餐、婚庆公司、婚纱摄影、婚宴、婚纱……选来选去，却忘了最重要的事情，那就是我们举办婚礼的初衷和目的，更遗憾的是，很多新娘根本没有机会想象自己喜欢的婚礼。

那么现在，就请跟我一起天马行空，幻想一下自己的婚礼吧。它可以是一场游园会、一场密室逃脱比赛、一场剧本杀、一场电影首映礼，你也可以请大家去你们第一次约会的餐厅吃饭。我不是在说胡话，我采访过几千位这样的新娘，她们的婚礼场地就在自己的马场、咖啡厅、一见钟情的操场，甚至任何她们喜欢的地方，这是真实发生在我身边的婚礼。

咱们不需要跟别人一样，也不需要刻意跟别人不一样，只需要跟着自己的心出发，慢慢去构想就好了。下面我列了一份问题清单，希望这份清单能给你的婚礼带来一些灵感。

摄影 & 策划：美纱文化

谈谈问题清单

Q1. 第一次见到他是在哪里？第一印象是什么？

Q2. 第一次约会的地方是哪里？印象最深的是什么？

Q3. 你们一起看过的最喜欢的电影是什么？在哪里看的？

Q4. 你们最常去的餐厅是哪一家？最喜欢点的菜是什么？

Q5. 你们第一次合唱的歌是哪一首？最拿手的是什么？

Q6. 你们一起旅行过的地方都有哪里？最喜欢的城市是哪一座？为什么？

Q7. 两个人一起为未来画过大饼吗？它长什么样？

Q8. 你们俩的个性是什么样的？（热情，娱乐，内敛，可爱，温暖……）

Q9. 在朋友眼里，你是什么样的角色？（表演者，启发者，娱乐者，倾听者……）

Q10. 你和男友的职业是什么？

Q11. 哪个瞬间让你决定嫁给他？

Q12. 你们为什么选择彼此？

CHAPTER 1

3

婚礼灵感清单

清空内心对婚礼的固有思维、开始幻想自己婚礼的现在，你还可以试着创建一份自己喜欢的灵感清单。就像装修前搜集各式各样的家装案例一样，备婚之初，先去看看别人的婚礼，对你定位自己的婚礼有很大帮助。在手机里新建一个相册，名字就用你和男友的昵称，不管你将在什么时间结婚，你都可以在现在建立这个婚礼灵感相册。

在如今的社交媒体上，有非常多的新娘愿意晒出自己的婚礼给大家参考，我的公众号上也积累了成百上千个真实婚礼的采访记录。如果你还想看看全世界的新娘都是怎么办婚礼的，那么下载一个 Instagram 软件，关注右面这些账号，会让你眼前一亮。

右面是我自己常关注的几个婚礼博客，我去巴塞罗那参加婚纱时装周时见过其中大部分账号的创始人，他们大多数生活在北美和欧洲的小城，做出来的内容都很有幸福感，前三个是我常看的。

Instagram 账号

•••

@hellomaymagazine

@greenweddingshoes

@stylemepretty

@weddingchicks

@ruffledblog

@weddingphotoinspiration

@theknot

@100_layercake

@weddingsparrow

为了防止你们在看国外账号时感到困惑，我还列了一份婚礼用语中英对照表，感觉我这英语老师的老本行还在这里派上用场了。这个对照表在你备婚后期会非常实用，比如伴手礼到底要送啥，你直接搜索 wedding favors（伴手礼）就能获得很多灵感。

婚礼用语中英对照表

英文	中文
photo booth	合影拍照背景
backdrop	背景幕布
wedding hairstyles	新娘头发造型
boudoir photo	私房照
bridal boutiques	婚纱精品小店
catering	冷餐服务（提供酒席服务）
wedding floral decorations	花艺布置
wedding invitations	纸品（请柬）
wedding jewelry	饰品
wedding photography	摄影
wedding planner	策划师
wedding designer	设计师
wedding favors	回礼、伴手礼
wedding sweets table	甜品台
wedding cake	婚礼蛋糕
window display	橱窗设计
exhibition	展览设计

CHAPTER 1

4

婚礼都有哪些形式

通过对前面内容的了解和思考，你此时对婚礼的认识，已经越来越清晰了，但我猜你可能会问我："琰琰，我喜欢的婚礼，父母接受不了，怎么办？"别着急，这类很实用的平衡技巧，我会在第二章跟你探讨。现在，我们的主要目的是描绘你心中婚礼的样子，在你清楚自己的喜好并稳定地呈现它之后，我们再看如何平衡你和父母的需求。

言归正传，现在我们来看看别人都是怎么结婚的吧！我把目前国内比较常见的婚礼归纳成五种形式，这是我自己发明的分类，不是网络上随便能搜到的那种，你们看看合不合理。

1. 经典婚礼

这是我见过的最多的一种婚礼形式。按照咱们中国的婚礼文化传统，婚礼仪式并不只是新郎新娘的主场，更是父母那一代人的大聚会。通常情况下，父母会邀请他们的亲戚朋友参与，规模庞大的一般有两三百甚至七八百人。通常在传统酒店、草坪、婚礼会所等地方举办，婚礼宾客大多为父母的亲戚朋友，我把这种婚礼统称为"经典婚礼"。这种形式的婚礼比较受新人父母的欢迎，也是目前最符合大众婚礼需求的形式。

摄影：鲁大潘

2. 教堂婚礼

跟上面提到的经典婚礼类似，教堂婚礼属于西方国家的经典婚礼仪式，一般会有牧师在场见证，仪式的风格非常庄重，适合有基督教或者天主教等信仰的新郎新娘。

3. 小型婚礼

如果抛掉传统观念以及父母的社交需求，小而美的婚礼是最受年轻新娘欢迎的形式。这类婚礼通常只有百人或几十人左右，比起以长辈为中心的经典婚礼模式，它更加以新郎新娘为中心，宾客中大部分也都是新人自己的同学朋友，环节和流程也比较随意，更像是一场派对。我把这种人数规模偏小、风格偏年轻化的婚礼，统称为小型婚礼。

4. 迷你婚礼

迷你婚礼，顾名思义，比小型婚礼规模更小，一般只有两个人，或加上双方父母一共六个人，也有的会叫上伴郎伴娘，但一般也不会超过十人，环节比较简单，以交换戒指和宣誓为主。

摄影：西里和兔子婚礼摄影　新郎：Even & 新娘：Karen　策划：伊万克伦 EvenKaren

5. 答谢宴婚礼

答谢宴不算严格意义上的婚礼仪式，因为它没有交换戒指和宣誓的环节。很多已经办过一场迷你或小型婚礼，或在男方家人那边办过一场经典婚礼的新人，回到新娘的家乡后，会以这样的形式答谢亲人和朋友。规模通常比较大，新娘会在宴会上穿着礼服，也会安排一些有趣的游戏环节、致辞和播放婚礼视频等。

以上这五种婚礼形式的分类，希望能使大家对婚礼形式的理解更为清晰。

CHAPTER 1

5

办场婚礼，究竟要花多少钱

摄影：三段锦

前面聊了这么多，生活总归要回到现实，所以咱们就一起看看，办一场婚礼究竟要花多少钱。想要搞清楚这个问题的答案，其实特别简单，你只需要弄明白办婚礼都需要哪些东西，而这些东西分别需要多少钱就可以了。下面，咱们就开始吧！

第一部分：场地 + 餐饮

场地费

要举办婚礼，你很可能需要一个相对私密且提供水电、餐饮和服务的地方。婚礼场地需要付费，场地费从几千元到几万元不等，当达到一定的消费金额，部分提供餐饮的场地可能减免场地费。当然，如果你打算在自家院子里结婚，场地费就是零。

餐饮费

你请亲人朋友来参加你的婚礼，他们观礼之后，你总不能让大家饿着肚子各回各家吧，所以请宾客吃饭就成了婚礼的必备项，通常也叫作婚宴。而这顿饭的花销，就是餐饮费，中餐一般按桌收费，西餐按位收费，也有的地方是点餐制。部分酒店收取 15% 左右的服务费，有的还会收取自带酒水的开瓶费，这些细节我会在第二章列出来供你参考。

客房费

接亲客房，外地宾客住宿，贵宾休息区，洞房套房等，这些都需要花钱。根据你自己的需求，做出适当的选择。

杂费

停车，婚礼开始前的饮料、甜点等都需要收费。

第二部分：婚礼策划和设计（婚庆）

婚礼策划费 / 设计费

这里主要指的是婚礼策划人员的专业服务费用，就像装修房子时做室内设计一样，办婚礼也有专业策划师帮你挑选场地，把控预算，设定流程和环节等。还有专业设计师、花艺师帮你设计和布置整个婚礼现场。注意，这些人工费用不包含任何鲜花道具，只是单纯的专业服务费，通常会在几千元到几万元不等。

鲜花和材料费

这部分就指的是婚礼上会用到的材料的费用，装修用的是水泥瓷砖，婚礼则用的是鲜花、灯光、音响、舞台、架子、指引牌、签到牌、竹节椅等。

其他人工费

就像你装修时会用到监工、瓦工、电工等一样，婚礼上也需要很多类似的人工，比如搭建师、灯光师、花艺师、督导等，这些都需要收费。

杂费

道具租赁、仓储、物流、搬运、中转环节等涉及的费用是看不见的费用。

第三部分：四大人员

婚礼化妆师

婚礼当天需要一位化妆师帮新娘设计造型，化妆师的收费从几千元到几万元不等，具体的差别我之后告诉你。除此之外，如果你希望新郎、伴娘、父母都有专业的化妆师服务，那么都需要相应的费用。

婚礼主持人

一般来说，婚礼上都会有一位主持人来负责串词串场，有的主持人拥有一个督导团队，帮你把控全场的音乐、灯光、舞美效果等。

婚礼摄影师

你办一场婚礼总希望留下一些纪念照吧，如果你想雇用专业摄影师帮你记录，可就需要一笔专门的费用了。另外，如果你希望有多个摄影师同时在婚礼上为你抓拍，那你就需要雇用两三个甚至更多的机位，根据机位和摄影师的不同，费用从几千元到几万元不等。

婚礼视频制作团队

除了照片，如果你还希望自己的婚礼以动态的影像记录下来，那你就需要专业的视频制作团队了。我跟邱老师结婚时就很看重这个部分，可能因为邱老师从小演过电影，拍过广告，但一直没红，所以总有一颗戏精的心。视频的记录和剪辑非常耗时，所以这部分费用通常不低。

第四部分：服装

婚纱礼服

你订了婚宴，布置好了场地，连摄影师、化妆师都请来了，总不能穿着牛仔裤和白 T 恤结婚吧？你要穿件像样的礼服，这件礼服叫作婚纱，当然中式婚礼上的新娘会穿裙褂、秀禾服之类的。大部分新娘会在婚礼当天穿两三套礼服，包括出门纱、婚纱和敬酒礼服，你可以选择租赁，也可以选择定制。

新郎西装

父母、祖父母等长辈服装

其他

有的新娘会准备更多的衣服，比如迎宾服、跳第一支舞的纱裙、三四套礼服之类的，还有更细致的新娘也会帮伴娘准备鞋子、配饰等，这部分咱们在第五章细聊。

第五部分：其他

喜糖、伴手礼、婚房布置、邀请函纸品、甜品、第一支舞蹈老师、DJ（唱片骑师）、调酒师、插画等涉及一系列让你心动的小细节。

最后，我在下面准备了一份预算清单，清晰地标注了所有的费用项目，我强烈建议你在电脑上建立一个 Excel 表格，删减和增加自己婚礼的具体项目。我在预算表格的最后一列，还附上了买单人，你可以思考一下这部分，毕竟结婚时，有些新人的购买力还很有限，适当请求家人帮助也是可以的。就以我为例，婚纱是我爸爸送的，婚宴是公婆付费的，而我跟邱老师则负责了婚礼策划和“四大人员”的费用等，费用可以全家一起商量。

婚礼预算规划表

（以琰琰 & 邱老师为例）

PART 1

·第一部分·领证相关	项目	服务内容	费用小计	备注	买单人
	证件照拍摄				
	证件照服装				
	领证跟拍				
	拍照道具				
	其他				
	合计				

PART 2

·第二部分·婚纱照相关	项目	服务内容	费用小计	备注	买单人
	婚纱照拍摄				
	婚纱照服装				
	婚纱照拍摄涉及的住宿				
	婚纱照旅拍的其他事项				
	搭配道具				
	其他				
	合计				

PART 3

·第三部分·珠宝首饰	项目	服务内容	费用小计	备注	买单人
	钻戒				
	对戒				
	其他配饰				
	戒指盒				
	婚礼当天的替代戒指				
	其他				
	合计				

PART 4

第四部分·婚宴

项目	服务内容	费用小计	备注	买单人
场地				
餐饮				
服务				
停车				
设备				
婚房				
酒水				
果干				
喜糖				
喜品				
回礼				
其他				
合计				

PART 5

第五部分·婚礼策划

项目	服务内容	费用小计	备注	买单人
婚礼策划师				
婚礼布置				
主持人				
摄影师				
视频制作团队				
化妆师				
新娘秘书				
婚礼督导				
花艺				
婚礼纸品（请柬、誓言卡、座位卡、桌卡等）				
婚房装饰				
婚车租赁装饰				

项目	服务内容	费用小计	备注	买单人
工作人员差旅				
其他				
合计				

PART 6

第六部分·服饰

项目	数量 / 单价	费用小计	备注	买单人
新娘				
晨袍				
内衣和拖鞋				
出门纱 / 中式礼服				
主纱				
礼服				
配饰头纱				
婚鞋				
婚包				
新郎				
西装				
衬衫				
领带和领结				
腰带				
袖扣				
内衣				
皮鞋				
其他				
伴娘礼服				
伴郎礼服				
双方父母服装				
花童礼服				
其他				
合计				

PART 7

第七部分·婚礼仪式相关	项目	数量 / 单价	费用小计
	接亲堵门游戏道具		
	敬茶茶杯		
	敬茶茶叶和托盘		
	外拍道具		
	其他		
	合计		

PART 8

第八部分·婚礼宾客	项目	数量 / 单价	费用小计
	交通		
	住宿		
	餐饮（不包含婚宴）		
	其他		
	合计		

PART 9

第九部分·其他	项目	数量 / 单价	费用小计
	其他费用合计		
	所有费用合计		

以上，就是婚礼开销的全部板块。当然，你的婚礼不一定会用到上述所有东西，你可以根据自己的婚礼需求和预算来权衡，在有限的预算内，平衡理想和现实，割舍不需要的，才能留下最想要的。

CHAPTER 1

6

别人的婚礼都花了多少钱

上一节讨论了婚礼开销项目，这一节我打算再给大家提供一些更为现实的参考数据，也就是别人的婚礼究竟都花了多少钱。为了写这一节，我在微信朋友圈做了一项问卷调查，搜集了100份北上广婚礼的费用数据，其中很多婚礼我都采访过，下面列出部分新娘的回答。这个调查结果也非常符合我对行业内物价的了解，可以说相对比较真实，希望也能给你一点参考，让你对婚礼预算有更深刻的认识。

1. 餐费 + 场地费

新娘@小欣：餐费和场地费越来越贵了，但凡能看上的地方，场地费少说也是1万~3万元。餐费人均五六百很正常，以一场100人的婚礼来计算，需要7万~10万元。

2. 策划统筹 + 布置

新娘@余维：在目前的国内市场上，策划和布置一般是合在一起的，也有分开的。我最后选的是合在一起的那种，整体花了6万多元，哦，对了，我的婚礼没用太多灯光。

新娘@daodao：我觉得地方小的话，最少也要5万元吧，感觉要是在五星酒店里达到那样的婚礼效果，可能要十几万元，所以最近都在找小场地！

新娘@等风来：我在北京，策划费我咨询了一圈，基本都在1万元上下，我没什么时间花在婚礼上，所以最后找了一个2万元的策划师，加上布置，一共10万元。

新娘@尧月：我在上海，跟北京不同，我们这不收取策划费，它基本都是包含在整体布置费用里，据说是因为新娘不太能接受策划费，好吧，我整体布置的预算是15万元，包括策划统筹那些，我自己也有点时间操办婚礼，婚礼还没办，策划师说15万元做出我要的效果问题不大，督导流程那些就交给主持人了！

3. 四大人员

❶ 主持人

新娘 @Denise：感觉现在找一个不说套话、好好说话的主持人，少说也要五六千元吧，最后定了一个8 000元的主持人，我比较重视婚礼体验。

新娘 @Doris：主持人要5 000元，算便宜还是贵？我也不知道！应该正常吧。

❷ 化妆师

新娘 @豆角：我找化妆师，花费6 000元，试了很多次妆，每次试妆费大概是500元，感觉最后找的还是性价比最高的一个。

新娘 @effi：我定的化妆师费用是3 800元，买婚纱超预算了，但没想到遇到一个还蛮适合我的化妆师，价格不贵就订了。

新娘 @菲子：价格不一样，妆面到底有多不一样？我刚开始不信。试了6 800元、9 800元、12 800元三个价位的化妆师后，真的是不服不行，看完贵的，没法接受便宜的，咬牙订了最贵的，不过选择适合的才是最重要的，也可能是最贵的最适合我？

❸ 摄影师

新娘 @冯冯：感觉两三个机位的摄影团队，均价基本都在1万元左右，贵一点的有两三万元的，二三线城市或许能找到6 800元、8 600元这样的价格。

新娘 @付施：摄影师太重要了，差不多1.5万元吧，双机位！三机位是不是更贵啊？

新娘 @甘露：我想找个胶片摄影师辅助拍摄，额外加了8 000元，最后总共花了2万元。

❹ 视频制作团队

新娘 @咕咕：摄像团队还是蛮贵的，感觉均价都在2万元吧！

新娘 @瓜9：1.5万元差不多。我咨询了一圈儿，感觉1万多元的算是最便宜的了！

新娘 @果果：我在摄像上没有预算了，宁可不要都不想找个用录像机录像的，那惨不忍睹！

根据上面这些新娘的回复，我统计了一下，一场婚礼按照100人来计算：

餐费 + 场地费：7万~10万元
策划统筹 + 布置费：5万~8万元
四大人员费：3.5万~5万元
婚礼费用总计：15.5万~23万元

根据100位新娘的统计数据，举办一场婚礼的平均预算至少是15.5万元，20万元是小型婚礼相对合理的预算。看到这，你可能会问，这些钱都是自己的存款吗？其中有多少是双方父母支持的？别着急，这个问题，我也替你们问了。

大家办婚礼的钱，都是谁来支付的呢？

新娘 @ 昕昕：餐费、场地费父母出，剩下的都是我跟老公出钱，收回来的红包大多都给父母（朋友的红包我们留了一些）！

新娘 @ 芥末：餐费、场地费、布置费都是父母出，婚纱、婚鞋、西装、饰品的费用我们自己出。

新娘 @ 韩小兔：父母给了 20 万，剩下不够的我们自己添，但是份子钱（红包）都给父母，我们不留！

新娘 @ 花大：爸妈给我买婚纱、礼服，公公婆婆出整场婚礼的钱，我都不管，突然觉得我好幸福！

好了，关于婚礼花费，用了两节的内容，总算把钱这件事聊完了，不知道你看完有什么感受。是觉得贵还是便宜，或是刚好？婚礼费用根据地域、季节、需求、时间的不同，上下浮动真的很大，加上它本身包括人工服务花销，所以更难量化。我不知道你看到本书的时候，这些数字的参考意义还有多大，但我希望这些数字能帮你清晰地了解，婚礼和我们住的酒店相似，想要在环境、服务、安全等各个方面都达到高水平，相应的费用也不少。咱们在社交网络上看到并存到手机里的婚礼美图，如果没经过修图，看到的也是真的美，亲身参加这样的婚礼也是真的感动，那么它对应的开销肯定也是真的不低。不管怎样，希望你现在对婚礼的概念更清晰啦！

CHAPTER 1

7

办婚礼一定要请婚庆公司吗

看到这里，你是不是已经对婚礼很了解了？我认识的很多新娘也会有类似的感受，对婚礼有了初步了解之后，就摩拳擦掌准备不请婚庆公司，自己全程 DIY（自己动手策划）啦！我确实认识很多自己策划婚礼非常成功的新娘，也采访过她们，但与此同时，我也听过很多没请婚礼策划师、现场混乱不堪、新娘后悔不已的备婚故事，新娘小七就是其中一个。

小七最开始备婚时，就看了我的公众号，本来就学设计的她越看越“燃”，最后干脆自己在电脑上画了婚礼设计图。她的婚礼现场在北京，160 多人到场，早上在酒店接亲，中午到一间艺术馆举办仪式，之后是午宴时间。所有的餐饮和场地都是她精心挑选的，超级时髦，前后花费 20 多万元她也认为值得，唯独到了 1 万元策划费面前，她迟疑了。“自己就会设计，还要婚礼策划干吗？有亲戚朋友帮忙，伴娘也是得力干将，省下来的 1 万多元还不如给自己买件婚纱呢。”就这样，她决定自己策划并操办婚礼。

因为没有任何办活动的经验，160 多人也不是小场面，小状况一定是不可避免的，可让小七没想到的是，婚礼当天的状况有点太多了，多到她崩溃大哭。

首先，是现场搭建出问题，屏幕和音响、花艺乱成了一团，搭建人员都有各自解决不了的问题，现场疯狂给小七打电话。先前沟通的计划在现场实施时出了很多意外，比如酒店没有合适的电插口，电压竟然也不够，正在化妆的小七心态有点不稳了，她跟伴娘说随便吧，实在不行就不安装了，少点东西也没关系。

接下来，是小物品布置出问题，提前准备的十几份惊喜礼物和伴手礼都不翼而飞，甜品师把蛋糕放在门口就走了，送竹节椅的师傅堵车可能会迟到，没人负责摆放甜品和礼物，小七足足打了二十多通电话来回沟通。化妆师安慰她别着急，让她先化妆换上婚纱，一会儿还有 first look（新郎第一次看新娘穿婚纱的时刻）环节。就这样，小七换上了婚纱，坐上了赶往婚礼现场的车。

情绪稍微平静一些的小七，此时满脑子都是新郎看到她穿婚纱后的惊喜模样，并安慰自己细节不到位就算了，两个人开心就好了，还默默地猜测了一下等会儿新郎会不会哭。结果车子停稳之后，不清楚状况的新郎、伴郎一起跑来接新娘，还拿着各种冷烟花和拉炮。车门一开，轰的一声，幻想着 first look 的小七跟新郎面面相觑，四周亮片闪闪，新郎没哭，她差点哭了。

错过了 first look 之后的小七，又迎来了朋友祝福视频打不开、婚礼音乐全放错等几十种乱七八糟的状况。

最后，仪式结束，小七换装敬酒时，礼服竟然丢了……

这件敬酒礼服，是她足足跑了半个月，前后试穿了二十多件才买到的中意款式。找了二十多分钟后，她才回忆起来，礼服还躺在早上接亲的酒店的床上，伴娘忘了把它带到午宴现场，更没人把它烫平整好放在试衣间里。在最后关头，伴郎开车去取，几番周折，拿到礼服，熨烫，换好，新娘小七出现在敬酒现场时，宾客由于误以为婚礼结束，已经散场回家了……

小七的故事，是不是能让你更清楚婚礼策划师的意义？婚礼当天，从早上起床化妆，新郎堵门接亲，到给父母敬茶改口，把婚车开到现场，再到交换戒指，父母致辞，最后到敬酒、吃婚宴、办派对——在这些安排、流程、环节里，可能有成百上千件小事需要筹备，而策划师就是保证这些事情多线并行、万无一失的重要角色。

对于大部分预算高的新娘，我都不鼓励轻易尝试自己 DIY，尤其当人数相对多，并且没有筹备大型活动的经验时。几十万元都花了，却减掉策划师这个最重要的角色，这像是拍一部电影请了名演员，却忘了找好导演一样，婚礼出问题的可能性太大了。但如果你之前有很丰富的活动举办经验，宾客又以年轻人为主，人数不多，对仪式感、派对文化非常了解，试一下自己策划操办也不错，个中利弊需要你自己做个判断。

哦，对了，我还要强调的是，就像装修设计费不包含沙发、床、瓷砖、地板等的费用一样，婚礼策划费不包含任何鲜花、道具、舞台等有形物品的费用。“什么东西都不包，那这笔钱究竟花在哪里了？”下面这个清单也许能给你灵感，是一位新娘发的策划师工作记录。

策划师工作记录

- 了解新娘和新郎及其家人的喜好，剖析每个人对婚礼的期望
- 婚礼预算的设定、分配和控制
- 场地、婚期、风格的把控和选择
- 测量婚礼场地，提供设计图纸
- 确定婚礼材料清单与购买方式
- 对接各个供应商，比如花艺、搭建、音响、屏幕等
- 婚礼环节、流程的策划
- 摄影师、主持人、化妆师等婚礼相关人员的筛选以及与他们的沟通
- 外地宾客的住宿行车安排
- 彩排，以及预防和把控现场的突发状况，如恶劣天气、用电故障、人员迟到等。

现在你看到了，婚礼策划是一项极为费心且繁复的工作，以上我列举的，只是婚礼策划师工作的一小部分。只有了解婚礼策划师的工作职能，你才明白自己是否能胜任 DIY 婚礼的工作，并且会甄别市面上的免费设计和策划，哪些是真正提供了服务，哪些是售卖产品和套餐。

CHAPTER 1

8

列出你的婚礼必备清单

没有这些，就不结婚了！

婚礼没有应该呈现的样子，只有你喜欢的样子

现在的你可以拿出铅笔，开始构建属于你自己的必备清单，这份清单将会贯穿整个备婚过程，帮你果断地做出决定。比如我跟邱老师如果坚持让家里的两只法国斗牛犬参加婚礼，那么就只能选择可以携带宠物的场地；再比如你 80 岁的奶奶不能坐飞机，那么你就要放弃海外婚礼的形式等。你看，这份清单真的很重要。

好啦，在第一章的最后，我想把我手里的笔递交给你，请幻想一下自己的婚礼！

婚礼到底是什么？这事儿只有你自己知道！

婚礼没有应该呈现的样子，只有你喜欢的样子。

其他新娘的婚礼必备清单

·有关场地·

1. 必须有我老爸和我一起入场的仪式，而且坚决不能在两边大圆桌的场景下！（这条让我果断放弃了天津的很多主题餐厅，因为没有我想象中创造仪式感的通道。）
2. 必须是西式长桌，拒绝任何形式的圆桌。
3. 必须在阳光充足的玻璃房里。
4. 必须在山间或乡村的自然环境中，我们俩都热爱户外运动，热爱自然，都是环保人士。
5. 必须在海边。
6. 必须在教堂里，只有我们俩也行。
7. 必须在某城市举办。

·有关宾客·

1. 必须有我 90 岁的奶奶出席。
基本无法举办目的地婚礼，因为老人坐长途飞机非常辛苦。
2. 必须有好朋友和至亲出席。
过多的好友至亲很难集体飞到巴厘岛去参加婚礼。
3. 必须有我们家拉布拉多在！
寻找能接受狗狗的场地成为第一个问题。

·有关环节流程·

1. 必须跳支舞，要全场欢呼。
2. 必须盖着头纱出场，不管拍照好不好看！
3. 必须掀盖头，所以要中式婚礼。
4. 必须有宣誓的桥段，可以搞笑，可以感人，但是必须有！
5. 必须要有 first look！
6. 必须在婚礼上播放某首歌。
7. 必须是婚礼派对，大家一起喝酒唱歌，宾客像明星一样走红毯签字。

你的婚礼必备清单

有关场地	
有关宾客	
有关环节流程	
有关其他	

你的婚礼必备清单

CHAPTER

2

筹备婚礼，从这里开始

读完第一章，你已经从最开始的“一头雾水”变成“有点头绪”了吧。现在，我们就进入实际操作阶段，真的开始筹备婚礼了！在这一章，你将会了解备婚的所有细节和步骤，并且完成最重要的两件事：确定婚期和婚礼场地。

CHAPTER 2

1

备婚导图，跟着做就对了

在搞清楚有关婚礼的几个概念之后，你真的要着手办一场婚礼了，那第一步要干吗呢？定婚期？找场地？订婚宴？买件婚纱？我先来帮你建立关于婚礼的大局观，让你对婚礼的大小事情有个整体的概念。

在下面这幅备婚导图上，我把我能想到的全部细节和步骤都画出来了，这样，你就可以看到筹备婚礼的全貌，并在导图上修改，最后绘制出一幅属于你自己的婚礼导图了。

严格意义上，备婚并没有绝对的先后顺序和步骤，就像你打算开家咖啡店，你完全可以先买几包你最爱的咖啡豆，你也可以先把最喜欢的杯子放在店里，但不可否认的是，你很可能在开业前才意识到，这些杯子并不适合你的装修风格。同样的道理，我认识一些新娘，在备婚之初就定了一件婚纱，买了一双婚鞋，等到婚礼临近才发现，它们并不适合自己的婚礼风格。

因此，你在这本书里看到的备婚顺序，都是我自己认为相对不容易出错的步骤，你只需要跟着我，一步一步地思考就可以啦。

起点
①
领证
②
拍摄婚纱照
③
确定婚礼大致形式
④
预判大致婚期
⑤
预判到场人数
合同
⑭
确认所有婚礼团队
（签署合同）
⑮
确认伴郎伴娘
和主要致辞人
⑯
确认婚礼环节和流程
⑰
买买买
（伴手礼等）
亲 友
⑲
确认最终菜品
和最终人数
⑳
制作席位
安排表等
⑱
其他类型婚礼商家的确认
（甜品、DJ 等）
㉕
婚礼后答谢，
伴手礼寄送，
宾客合影照片分发，
感谢等
终点

⑥
寻找场地
Wedding
⑦
确定场地、婚期
并预订菜品
（签署场地合同）
场地合同
⑧
通知宾客
预留婚礼时间
⑨
挑选婚礼策划
⑩
挑选四大人员
（摄影、摄像、主持、化妆）
⑪
挑选婚纱和礼服
⑫
确认整体预算
⑬
确认最终的场地和日期
并发出请柬
㉑
确认婚礼音乐以及
要播放的视频、照片等
㉒
确认所有相关清单
㉓
彩排
㉔
婚礼开始

CHAPTER 2

2

确定婚礼人数

父母的朋友十桌，我的朋友一桌？

虽然没有固定的备婚步骤，但我强烈建议你把计算人数当作筹备婚礼的第一步。毕竟只有计算出参加婚礼的人数，构想出婚礼规模，你才能真正开始寻找场地并确定婚期。计算人数，这事儿听起来非常简单，但实际操作起来还有点麻烦，下面我就帮你一一分析。

其实婚礼这件事，是三个家庭的事，“你跟你老公一家，你父母一家，他父母一家”，而绝不是“你们三口一家，他们三口一家”。毕竟此时的你们已经谈婚论嫁了，甚至领了证，那么从心理上和原生家庭建立适当的界限，对你们整个备婚过程都有很大的帮助，我甚至觉得这才是备婚的意义。这样你能清晰地感受到，你慢慢变成一个独立的个体，你即将拥有属于自己的婚姻和家庭，再不是原生家庭的小女孩儿了。

好啦，扯远了，我们继续来看婚礼人数的计算。在计算人数规模时，我们至少需要分别记录三个数据：你们小两口的数据、你父母家的数据、他父母家的数据。

我和丈夫邱老师在这个环节，还额外做了一张“必要和备选人数”清单，所谓“备选”指的就是那些不远不近、可请可不请的人，或者是可以不用参加婚礼仪式，只需直接吃婚宴或参与答谢宴的宾客。

新娘（琰琰）父母

必要宾客：30 人

备选宾客：20 人

新郎（邱老师）父母：

必要宾客：80 人

备选宾客：70 人

新郎新娘（琰琰和邱老师）：

必要宾客：40 人

备选宾客：20 人

总计：

必要宾客：150 人

备选宾客：110 人

合计：260 人

之后我在选场地的时候，看中了一个白色的音乐厅，它的旁边是一家可一次提供 300 人餐食的餐厅，配备齐全。听起来很完美，对吗？但问题来了，音乐厅只能容纳 100 多位宾客，这可怎么办呢？这会儿，我之前计算的人数就派上了用场，我们的必要宾客正好是 150 人，勉强符合这个音乐厅的要求，灵机一动，我跟邱老师一起商量出了一个完美的对策。我们先请必要宾客，也就是那 150 人，在婚礼当天 16：00 准时到音乐厅，参加我们的婚礼仪式。而剩下的备选宾客，也就是那 110 人，则是 18：00 直接到餐厅吃婚宴，这样我们既有了小而美的仪式，又满足了父母喜欢大场面的需求，看出这个方法对我的帮助了吧！

在这个步骤里，还有两个小问题需要你额外注意。第一个小问题是大部分新娘都会遇到的——到底要不要请他 / 她？实际上，你在问出这个问题时，可能就有了答案。但如果你实在纠结，我分享一个自己当时用的问题清单来帮你做决定。

过去一年，我和他 / 她联系过吗？

我们会约着聊天吃饭吗？

我愿意为他 / 她付婚礼餐费吗？

他 / 她知道我另一半的名字吗？他们见过面吗？

他 / 她邀请我参加了他 / 她的婚礼吗？

第二个小问题，就是“重要宾客名单”，即所谓的贵宾，比如你的外公外婆、爷爷奶奶、伴郎伴娘、重要的领导同事等，说白了就是你最亲、关系最近、最看重的人，这份名单会在你之后确定婚期、菜单时用到。比如，你要考虑这些人是否 100% 出席。万一其中有人早在一年前就定了职称考试，或者出国参加培训，你就要视情况调整婚期，以免留下遗憾。拿我自己举例，我和邱老师的婚礼定在高考当天，如果他的妹妹是高三考生，那么我们绝对不会选择这个婚期，不过我姐姐的预产期在这天附近，还好她当天没有临产征兆，否则我也会留下非常大的遗憾。再比如你的大老板有海鲜过敏，结果你在他面前放一大份海鲜拼盘，以后升职是否难保？所以，应提前准备一份贵宾清单，在其涉及的各种细节上考虑到位，包括客人是否过敏，是否有对食物的忌讳，有没有老人、小孩、孕妇等。

好了，这一步就先说这么多，下面就请按照我的办法计算婚礼的宾客人数吧！

现在，你的婚礼到场人数计算这个步骤马上要结束了，在这个过程中，你会和丈夫、双方父母，讨论一些对婚礼的想法。此时，你可以回到第一章的末尾，去补充一些长辈对你的婚礼的期望。比如我妈妈就是在这个时候告诉我，她希望我出嫁当天可以穿一件红色的礼服，她觉得这是喜庆的寓意，这个要求被我毫不犹豫地写进了必备清单，这会是很独特的回忆。

此时此刻，我强烈建议你给父母发一些婚礼的视频，让他们也了解一下你心目中婚礼的样子。社交媒体上有很多视频可以参考，我的公众号上也有一些真实婚礼视频。

CHAPTER 2

3

选择婚礼日期

错高峰结婚，你能省下 5 万元

算好了婚礼到场人数，清楚了自己的婚礼规模，接下来就可以选择婚期了。

说到选婚期，很多新娘都觉得："啊，定个日子结婚而已嘛，很简单吧？一年 365 天，定个我喜欢的日子不就行了？"你可能想不到，婚期是对你婚礼体验、预算影响最大的一个因素。不信？你来看看这位新娘的故事，她在微信上告诉我，自己一定要在情人节那天结婚，而且要在婚礼现场铺满玫瑰花，因为 2 月 14 日是他第一次表白的日子，也成了他们的纪念日。我问她："情人节的玫瑰得有多贵，你想过吗？很可能是普通婚期价格的 5 倍啊！"类似的例子还有很多，比如新娘在定下婚期和酒店后，才发现原来自己定的日子如此火爆，喜欢的化妆师、摄影师等全部无空档不说，连朋友都请不来，因为那天要结婚的人太多了，新娘顿时傻眼了……

所以婚期究竟怎么选，火爆婚期怎么还有缺点？别急，咱们一个个看。

大部分新娘在选择婚期时，都会遵循以下几点。

· 天气不冷不热（4—6 月，9—10 月）。

· 阴历和阳历的双数越多越好。

· 老皇历上写着"宜嫁娶"。

· 是周末，或者长假期（五一、十一超热门）。

· 日期的数字有特殊寓意（比如 618、616、521 等）。

如果你也是这个思路，那么你可要注意了，以上五个条件满足得越多，你选的日子很可能越火爆，那么火爆日子有什么不好呢？看看我写的这份"麻烦清单"，你就明白了。

· 婚礼相关工作人员没档期，想订也订不到。

· 婚宴不好吃，服务不周到，因为酒店要准备的餐饮和服务的人实在太多，无法保证质量，价格还偏高。

· 摄影、摄像的后期工作堆积如山，新娘拿到

成片的时间大大延后。

· 婚礼相关工作人员连轴转，超级疲惫。

· 婚车可能迟到。

· 同一天，同一个酒店，多场婚礼同时举办。

· 朋友需要放弃一年中唯一的度假机会，来参加婚礼。

· 宾客被迫选择参加谁的婚礼、不参加谁的婚礼。

· 花艺、舞台搭建等的原材料价格浮动大。

· 婚车价格浮动大，而且车型选择受限。

· 如果选择租赁婚纱、礼服、饰品，那么种类变少。

我跟邱老师把婚期定在了高考当天，我们俩是“早恋典范”，从初一一路恋到高三，高考的日子对我们来说相当于解放日。我的朋友 @vivi，选了自己爸妈的结婚纪念日作为婚期，寄寓传承和圆满。新娘 @ 白糖娃娃，脑洞大开，把自己的生日 11 月 16 日和老公的生日 01 月 03 日，按照月和日分别相加，得出了 12 月 19 日；除了这些，第一次约会的日子、第一次正式交往的日子、第一次接吻的日子都可以作为婚期。

看到这里你大概明白了，婚期这件事，“选这一天就好”比“选这一天最好”合适得多。毕竟多年之后，这一天不会再是皇历上的吉利日，它有个更好听的名字，叫作结婚纪念日。

琰琰的婚礼日期小提示

1. 避开生理期。

2. 记得考虑重要宾客的时间安排。

3. 比起宜嫁娶的吉利日子，选个有意义的日子更让人难忘，比如在一起的第一天、爸妈的结婚纪念日等。

4. 如果能稍微放弃一些所谓的忌讳，比如“中午或者晚上结婚就是二婚”之类的，婚礼成本真的会大大降低。

5. 定了热门的婚期，务必记得提前准备，早些预订婚礼相关人员档期。

6. 可以询问婚礼策划师有关婚期的热门情况。

CHAPTER 2

4

挑选婚礼场地

除了酒店和教堂，你还有 98 种选择

终于要聊到重头戏啦：婚礼场地！你要知道，场地定下来，你的婚礼雏形就完成了一大半。都有哪些地方适合举办婚礼，不同类型的场地之间有什么区别，选场地有多少坑，在这一节里我都会讲到。

婚礼场地都有哪些选择？

1. 传统经典场地

所谓传统经典场地，就是那些已经被大部分人熟知、在人的脑海里已经盖上了“可以办婚礼”的印章的地方。人们纷纷选择这里作为婚礼场地，从接亲到仪式再到婚宴都能一站式搞定，服务、餐食配套相对完善，能承载比较多的宾客。这类场地比较常见的有星级酒店宴会厅以及室外草坪、高级酒楼餐厅、城堡庄园、婚礼堂、婚礼会所等。

优点说完了，咱们来说说缺点，传统场地的火爆婚期很难预定，容易模板化，想呈现年轻化、有设计感的婚礼相对比较难，花费偏高。除此之外，在传统场地同一天举办婚礼的新人会比较多，有些新娘对隐私的要求可能得不到满足。

2. 教堂

每座城市都有几座教堂，很多新娘因为喜欢教堂神圣的仪式感，即使没有信仰，也希望在里面办一场小型婚礼，每一座教堂对婚礼的要求都不同，可能会对布置和宾客的穿着有些限制。我是天津人，咨询过天津的一座非常有名的教堂，它规定没有宗教信仰是不允许在此举办婚礼的，所以选择教堂这类特殊的场地，需要你们自己联系当地的教会咨询。值得一提的是，教堂婚礼很容易模板化、套餐化，很多教堂都是必须预订婚礼套餐后才能举办婚礼，在这种情况下，婚礼也容易千篇一律。以上均是个人经验，仅供参考。

3. 国外目的地婚礼

这个就是大家俗称的海外婚礼，不知道是不是因为受到明星婚礼的影响，去海外办婚礼的新人越来越多了。我认识很多去国外办婚礼的新娘，说件事儿你可能不信，她们是冲着价格便宜、形式简单去的，跟大家印象中的“高大上”正相反。很多套餐性质的海外婚礼几万元全部搞定，比国内婚礼还便宜不少。这几年海外婚礼已经不局限于巴厘岛、普吉岛之类的常规场地了，去新西兰找个小教堂、跑法国去找个小镇也是不错的选择。我也认识很多自己联系美国、法国的教堂，然后直接过去举办一个小型婚礼仪式的朋友。他们在国外举办小型婚礼或者迷你婚礼之后，再回国办一场答谢宴，只需要播放一下婚礼视频，也算给父母一个交代了。不过最近几年，受到新冠肺炎疫情的影响，这个形式变得难以执行。

举办海外婚礼的新娘，曾跟我表达过海外婚礼的遗憾主要有两点。一是定制海外婚礼昂贵，通常也是以套餐模板为主。二是没办法请亲人朋友悉数到场，少了一份成亲的热闹。仅供你们参考。

4. 国内目的地婚礼

目的地婚礼就是指在国内找个漂亮的地方结婚，大家比较熟悉的是海南三亚、云南丽江，最近几年比较流行的是湖州莫干山、秦皇岛阿那亚、宁夏中卫沙漠、内蒙古草原……总之就是远离自己的家乡，在国内其他城市，找个地方举办婚礼。新冠肺炎疫情暴发以来，很多原本计划去海外办婚礼的新人，会选择这种形式，不用出国就能安心办一场小型婚礼，机票和酒店比国外更便宜，家人参与婚礼无压力，重点是能逃离传统婚礼的烦琐。

5. 特殊小众场地

这类场地是年长者看到会皱眉头并嫌弃的地方。“这地儿能办婚礼？”这类场地常被他们贴上儿戏、不正经的标签，配套差、服务人员对婚礼不熟悉可能导致如私密性差等问题和风险。

我自己非常喜欢这种类型的场地，比如图书馆、车站、酒吧的屋顶露台、书店、咖啡厅、特色餐厅、自家后院等。

1 | 3
2 |

1 茶馆
摄影：汕头 789VISION
策划：和懿 HERAMORE
2 雪山
摄影：七喜
策划：Sugar Ting
3 河边
摄影 & 策划：MiaoWedding

琰琰的婚礼场地小提示

第一，一定要签协议，一切口头的承诺都没用，必须“纸上谈兵”。把承诺你的内容都写进合同条款里才最放心，包括违约金、场地使用时间、各个设备的使用费用等。

第二，确认场地是否和婚庆公司绑定，如果不选择指定婚庆公司，是否需要额外缴纳入驻费，有些特殊场地，连自己指定摄影师都不可以，这些细节一定要提前确认。

第三，关注节假日、火爆日期是否会上调价格。

第四，旺季结婚要做好场地混乱的心理准备。有些酒店的宴会厅众多，火爆婚期当天的热闹程度是你想象不到的，你可以提前问问场地销售，该场地一天最多容纳几场婚礼，每场婚礼是否都有固定的走廊通道等。

第五，外力干扰能否提前避免。确认在你的婚期前，场地是否有装修翻新的计划，有没有政府征用的可能性，有些负责任的销售会偷偷告诉你，几月至几月可能有政府会议在此召开。

第六，是否提供新娘房、休息室，是否有挂烫机、镜子等，毕竟新娘需要换衣服、熨衣服、换造型、补妆等。

第七，提早明确场地禁忌和规定。我自己订场地时，就咨询过是否可以在室外空地放冷烟火、烟花，以及是否可以举办晚间派对等，你可以直接问问销售，某个场地有没有什么特殊的规定。

第八，如果需要用场地自带的设备，可以提前试用。如果你想在婚礼上用投影、灯光、电压箱、摇臂架、音响等设备，除了确认是免费还是另外付费，你还需要确认这些设备的质量，确定谁来操作，避免到时候出现设备问题，视频放不出来、话筒没声音，就尴尬了。

第九，如果你有请专业策划师的预算，那么这些工作你可以交给专业人士来做，能帮你省下不少力气。

第十，预订场地时，也要考虑你喜欢的婚礼风格，不要订了一个复古或者日式的餐厅，然而你喜欢的婚礼设计偏北欧的简约风格，那就比较难受了。

我怕大家遗漏一些细节，所以准备了一份场地考察表，你只需要跟场地相关人员确认好并落实到合同里就可以了。

场地考察表

基本信息		
基本信息	场地名称	
	具体地址	
	一天最多同时接几场婚礼	
	是否绑定婚庆公司	

内部环境	项目	标准	是	否	备注
	装修风格	是否与婚礼风格相匹配			大致风格:
	整体环境	是否整洁无异味			优缺点:
	电梯	几部电梯、是否方便			
	其他				

外部环境	项目	标准	是	否	备注
	交通情况	附近是否有公交 / 地铁站			数量:
	停车	是否有停车场			可停车数量:
		是否收停车费			费用多少:
		是否提供停车券			可提供数量:
	周边环境	位置是否好找			导航搜索:
	其他				

室内宴会厅情况

项目	标准	备注
场地		
可容纳人数		
用餐标准（每桌人均多少）		
服务费		
开瓶费		
能否自带酒水		
能否试菜		
备桌收费情况		
场地使用费		
婚庆进场费		
清场费 / 超时费		
形状（圆形 / 长方形 / 正方形）		
层高		
是否有柱子		数量：
酒店可提供的设备（舞台 / 音响 / 灯光 /LED 屏等）		设备收费情况：
是否提供化妆间 / 新娘房		收费情况：
其他		

室外草坪或其他可办婚礼的区域情况

项目	标准	备注
可容纳人数		
私密性		
安全性		
场地使用费		
四周环境如何		
是否有遮挡物		
与用餐区距离		
地面情况是否良好		
其他收费情况		

CHAPTER 2

5

大规模与小而美的平衡方案

很多新娘跟我一样，既想要一场属于自己的小仪式，又想满足长辈传统的要求，我给这类婚礼起了个名字，叫作融合婚礼。

你和家人计算婚礼到场人数时，如果你的父母计算出了300人以上的大场面，而你又期待小而美的婚礼，这可怎么办呢？当然，如果你的父母足够开明，认为你的婚礼你说了算就好，那么你可以跳过这里的建议，直接去看下一章！

对于大部分纠结于父母和自己的需求不同的新娘来说，找一个两全其美、长辈和自己都能接受的方案是贯穿整个备婚过程的课题，其实这件事真的一点儿也不难！

现在，请你回忆一下，我在第一章里帮你们总结的五种婚礼形式：经典婚礼、教堂婚礼、小型婚礼、迷你婚礼、答谢宴婚礼。平衡的答案很简单，那就是"串烧"这五种婚礼形式，让你的婚礼成为一个融合物。下面这几位新娘，都是我认识的举办融合婚礼的新娘，找到了自己和父母之间的平衡点。

1. 融合婚礼案例

◆ 海外迷你婚礼 + 福建答谢宴婚礼

新娘 @飞羽酱

我们俩是南方人，长辈很传统，我个人比较抵触我们当地的婚礼。跟爸妈计算婚礼到场人数的时候，公婆坚持要请好几百人，最终，我们决定去巴厘岛办一场属于自己的迷你婚礼，只带了双方父母和伴郎伴娘8个人。回国之后就顺着父母的意思，办了个答谢宴，顺便播放了国外的婚礼视频，最后我们俩高兴，父母也高兴。

◆ 内蒙古迷你婚礼 + 石家庄答谢宴婚礼

新娘 @Albee

我们俩都在北京工作，老家在石家庄，决定带着父母一起去内蒙古大草原办一场迷你婚礼，只有我们6个人。我平时不喜欢热闹，一直都喜欢这种有"私奔"既视感的婚礼，事实证明我做了无比正确的决定。婚礼之后的周六，我们回石家庄老家，办了一场答谢宴，200 多人，父母在现场致辞，我们也播放了婚纱照和婚礼照片。这算是父母和自己都满意的方式吧。

◆ 16 点小型婚礼 +18 点答谢宴婚礼

新娘 @ 琰琰

哈哈，就是我自己啦，还记得我之前提过吗？我跟邱老师结婚的时候，也遇到了类似的情况，长辈想要邀请 260 人，而我们喜欢的音乐厅只能容下 150 人，我们最终采用了时间分割法。在 16：00 请部分宾客（150 人）观礼，其余 100 人则是 18：00 直接到餐厅吃婚宴，婚宴上播放婚礼快剪视频，平衡了父母和我们的需求。

◆ 直播小型婚礼 + 答谢宴婚礼

新娘 @ 依依

我的婚礼现场有 500 多人，而且举办场地是公婆早就订好的一家五星酒店。我想要一场温馨的仪式，有亲人朋友足矣，所以我灵机一动，采用了直播的方式。我在酒店里找了个能办婚礼的角落，把它布置成婚礼现场，并安置了摄像头等直播设备。我只邀请了最亲近的 80 多位朋友在小场地现场观礼，而其他 400 多人，由督导引流到吃婚宴的大厅，直接在投影仪上看直播。开不开心，惊不惊喜？哈哈！

◆ 莫干山小型婚礼 + 山东经典婚礼

新娘 @ 艾丽

长辈算了一下，350 多人，大概是 35 桌啊，让人头疼！我跟老公的意思是办一场小型派对，真的不希望自己的婚礼办这么大场面，主要是大部分人都不认识啊。最后我们带着双方父母和最好的几个朋友，去了莫干山办婚礼，现场感人得很。回到老家之后，父母为我们操办了一场老家传统的大场面婚礼，也算是收回了份子钱。

◆ 上海小型婚礼 + 安徽经典婚礼 + 福建答谢宴婚礼

新娘 @ 不吃芹菜和香菜

老公是安徽人，我是福建人，我们在上海工作。聊到婚礼，真的头疼，我爸妈想在福建办，公婆坚持要在安徽大办一场，最后我们带上双方父母在上海一家报社咖啡馆办了场小型婚礼，没想到父母都很感动。老家安徽的婚礼就按照公婆的意思走了个过场，算是那种很传统的仪式，然后按照我父母的意思在福建办了一场答谢宴，也是中式的风格。这样算是三家人的需求平衡了吧。

◆ 中午小型婚礼 + 晚上经典婚礼

新娘 @ 管二胖

公婆订了酒店，请了大概 28 桌客人，我和老公的客人没几桌。大多数人我们都不认识，我不希望自己的婚礼上全是陌生人，跟老公商量之后，我们决定在中午额外办一场小型的仪式送给我们自己，只邀请至亲和好友。酒店附近刚好有个小型独栋别墅，满足了我的期待。至于晚上嘛，就完全满足父母的需要，配合他们和婚庆团队“演”完全场。

传统场地也能“小而美”。看了上面几个新娘的方案，你是不是有点思路？你可能会问我：“琰琰，我婆婆已经订了传统的宴会厅，这可怎么办呢？”别着急，我还真有办法！

2. 融合婚礼的实现方式

“台下嗑着瓜子，台上交换戒指”，这是很多在传统宴会厅结婚的新娘最害怕的场面。虽然大部分餐厅都是在婚礼仪式后上菜，但部分新娘还是更期待在有仪式感的地方交换戒指，而不是在餐厅中央的舞台上。如果这是你比较在意的部分，我就帮你解决这个问题。

坦白说，这部分有点复杂，我本来想放在后面的布置设计章节再聊这件事，但想了又想，我现在告诉你这件事，有助于扩大你搜索场地的视野，解决你和长辈之间的某些冲突。但如果你没有类似的困扰，就完全可以跳过这个部分。

◆ 隔断式分区

就像合租一间主卧一样，你可以用屏风、隔断甚至窗帘创造出自己独立的空间，婚礼也可以这样。你即使只订了一间宴会厅，也可以请婚庆公司想办法把仪式区和用餐区彻底分开设计，而不是餐桌包围着舞台，这样可以把用餐和仪式完全分开。我带你构想一下当天的画面：宾客进入大厅，先坐在仪式区观礼，仪式结束后，再到用餐区吃饭。

◆ 租用另一个空间

试想一下，如果你住在大学寝室里，晚上无法安静看书，那么接下来你会干吗？去自习室或者找个安静的咖啡厅，看完书再回来睡觉，对吗？那么办婚礼也是一样的道理，如果在这个大厅里，你最无法忍受的是婚礼缺乏仪式感，那就在这个大厅的附近找另一个空间举办你的婚礼。如果草坪实在太贵（或者你担心天气而拒绝室外），酒店内私密的走廊和小型的宴会厅都是不错的选择。你可以试着跟酒店人员沟通，看看能否找到另一个未被开发的空间，也可以请你的婚礼策划师帮忙考察。

我也带你“脑补”一下当天的景象：宾客先被引领到仪式区观礼，仪式结束后，再步行到用餐大厅吃饭、给红包。齐活！

◆ 直播婚礼

你可能会问我：“琰琰，分区我明白了，但是我的婚礼有 300 位宾客，仪式区只能坐下 60 人，怎么办啊？”用现场直播投屏呀，租个屏幕、投影，有的酒店提供这些设备，让坐在用餐区的人也能观看你的婚礼。

◆ 转场至附近的餐厅吃饭

你以为只有在宴会厅举办婚礼的新娘有困扰吗？不！那些在咖啡厅结婚的新娘同样很头疼，酒吧、山顶、沙漠、树林这些场地是很美，但不提供餐食，吃饭怎么办，敬酒怎么办？

让宾客步行去餐厅用餐，或者租用大巴车辆等把客人送到餐厅用餐。

◆ 带餐具的高级外卖：餐食配送服务

这跟我们平常的外卖不同，它更高级，附带餐具、服务员，再说直白一些，就是把整间餐厅连同厨师、食材、餐具都给你搬来，让你坐在大森林里吃烤鸭。服务可简可奢，具体情况可以咨询当地的餐厅，尤其是西餐厅很多都有这种服务。

好啦，第二章就此结束了，到目前为止，有关婚礼场地和婚期的确定，我已经介绍完毕，希望能带给你灵感和帮助。最后，祝你找到自己的完美婚礼场地。

1 摄影：鹿与先生　策划：抹色婚礼

2 摄影：signed　新郎：Cara & 新娘：王涵 Kyle D Potter

CHAPTER 3

组建你的婚礼团队

确定了婚期和场地之后，婚礼中最重要的事情终于要来了，那就是找人。我不知道正在阅读这些文字的你，有没有过创业的经历，或者是带团队做项目之类的经验。无论你是什么职位，身处哪个行业，仔细想想，一个项目也好，一件事情也罢，如果真的想做好，最重要的是什么？答案一定是人。一顿晚餐好不好吃，在于厨师；一家企业能不能做强，看创始人、看团队；而一场婚礼是否有幸福感，要看策划师以及整个婚礼团队的协作。

这个帮你筹备婚礼的团队，一般由三组人员组成。第一组就是策划师团队，也就是我们常说的婚庆公司。第二组是四大人员，指的是摄影师、视频制作团队、化妆师和主持人。第三组是特别人员，甜品师、纸品师、婚礼乐队等都属于这一类。

一场婚礼能不能办好，主要取决于这些婚礼相关工作人员，只有找到一些用心、靠谱的人，我们才能办一场真正意义上有幸福感的婚礼而不是流水线上的模板婚礼。我有一个读者 @ 羊小旬，她的婚礼在四年前，我后来有一场拍摄邀请小旬来现场帮忙，结果没想到我们现场的设计师楚楚正是她当年的婚礼策划师。小旬见到楚楚的时候，眼泪一下就掉下来了，吓了我一跳。回过神儿后才发现，好的策划师，真的是像亲人。

我跟邱老师在备婚之初，也曾一次又一次地被这些独具匠心的婚礼人感动，有的策划师真的比新娘还用心，有的摄影师不是用镜头而是用心和情感去拍摄和记录，视频团队也常常在现场边拍边哭。婚礼策划实在是一个有趣的行业，虽然工作是交易，但婚礼人也真的是出于热爱。

下面，我就来说说，如何才能选出适合自己的灵魂婚礼供应商吧！

CHAPTER 3

1

婚庆套餐，选哪个最划算

定了婚期和场地，大部分新娘都会开始寻找婚庆公司。不管是去一些大型的线下婚礼展会，还是在互联网搜索，或是听从身边朋友的介绍，总之去咨询几家婚庆公司，对比套餐内容和报价单是大多数新娘的选择。

总有读者拿着好几份报价单跑来问我："琰琰，你帮我看看哪个最划算？"

其中的比价高手会找准几样道具，比如泡雕、水晶灯、竹节椅，然后挨家比价格。这感觉很像采买食材时挨家超市转悠，就为了找个总价最低的，结果转来转去，发现苹果便宜的超市鸭梨贵，鸭梨便宜的超市番茄贵，总之很难找到总价最低的地方，就算找到了，也会受到新鲜程度、好不好吃等各种因素的困扰。婚庆也是这个道理，单个道具的价格比对几乎没有任何意义。

除了这种货比三家的新娘，我还遇到过一些更为感性的姑娘，她们会通过赠品的价值来选择婚庆，比如在展会现场，看哪家送的礼物最多、价值高，如果是知名品牌的四件套和厨具，外加人型玩偶，现场交钱还能返现，她们恨不得马上付款。不管通过哪种方式，新娘都会觉得自己最终选定的婚庆就是最划算的，但结果怎样呢？

我曾做过一个简单的调查，我在公众号后台随机联系了100位购买婚庆套餐的新娘，问她们下面这个简单的问题。

"如果我和邱老师要办一场结婚纪念典礼，你会把你选的婚庆公司推荐给我吗？"

A. 绝对不会　　B. 考虑一下是不是适合琰琰
C. 会推荐　　D. 强烈推荐

结果非常惊人！80%以上的新娘都选了A，并明确表达了对婚庆公司的不满，比如婚礼效果跟预想完全不同，婚礼当天漏洞百出，不停加价和恶意二次推销等。

我也看过那些报价单，真的非常详细清晰，明明是价格透明的套餐，大家也都是货比三家之后自己选的，有的新娘甚至在婚博会上亲眼见过套餐对应的现场效果，怎么还会不满意呢？

直到几年前，我慢慢走近这个行业，才逐渐明白，这里面的学问大得很。就拿“所见即所得”这个套餐举例，新娘见到的实物造景，通常会设置在远远小于自己真实婚礼现场的空间里，这样偏小的空间通常花费不多并且效果惊人、氛围感很强，当新娘真的要把这套布置放在自己几百人的婚礼现场时，才会发现效果天差地别，就像同样的装修设计放在 50 平方米的一室一厅和 150 平方米的三室一厅，会呈现完全不同的效果一样。如果想要更好的效果，就必须加大道具尺寸、增加鲜花数量等，这时二次消费就出现了，而此时已不再是当初那个能货比三家的时候了，因为你已经交付了大量不可退还的定金，即使二次消费价高于市场价，你也不得不消费。

除了在布置上的二次消费，摄影师、化妆师等人员在中间加价也是新娘面临的棘手问题之一，比如新娘花费 6 800 元预订的总监级化妆师，实际价格可能不到 2 000 元，剩下的近 5 000 元都由婚庆公司占有。这就是为什么婚庆公司往往伴随着“暴利”“水深”等贬义词。

但是，婚庆公司也承受着巨大的压力。我曾采访过很多家婚庆公司老板，他们也不想使用二次推销、中间加价等方法提高利润。但因为消费频次低，新人都是第一次结婚，没有经验，加上新娘对婚礼策划价值不认可，只通过比价来选定婚庆公司，所以面对激烈的市场竞争，有的婚庆公司甚至要开发出赔钱的套餐才能签下新娘的订单，后期公司想要生存，就必须通过让人二次消费来赚回利润。

在消费频次低的行业里，总有这样一个怪圈，消费者只盯着价格，货比三家，商家想拿到订单就只能无限压低价格，这样做的后果，就是强制二次销售、不透明收费或“缺斤少两”等商业套路的无限放大。你可能会说，哪个行业不是如此呢？的确，这种现象在各个消费领域都有，比如装修行业就是典型的套路满满，可最要命的是，装修出问题还能重来，而婚礼，一生也许就只有一次。就是这样一个“一不小心就后悔一生”的消费选择，让我写下这本书来教你如何清醒理智地消费。因为我深深地知道，很多新娘在婚礼过去后的三五年里仍然对“被骗的经历”耿耿于怀，很多时候，我们难过的不是钱，而是心里留下的遗憾。而想要跳出这些套路，避免上当，最好的方法就是弄明白一件事：婚庆公司究竟是干吗的？

CHAPTER 3

2

婚庆公司是干什么的

婚庆公司是干吗的?主持的?录像的?卖花的?搭建舞台的?问了身边一圈人,我都要蒙了,看来婚庆公司真是个说不清的机构。

婚庆有一个很专业的名字,叫作婚礼策划。真正为你筹备婚礼的不是销售,不是顾问,而是婚礼策划师及其背后的整个团队。策划师就像一部电影的总导演,负责成百上千件工作事项,是备婚过程中你和家人以外最重要的灵魂人物。

总结下来,婚庆公司一般会负责两个部分的工作:布置和策划(又名统筹)。

· 布置

1 万元和 100 万元的区别?

我们先来说布置吧,鲜花、设计、舞台、灯光、音响、签到台、迎宾牌这些看得见的东西,都可以归为布置这一类。很多人误以为婚庆公司本身就只是做布置的——摆摆鲜花,搭建个舞台,更可怕的是,有些婚庆公司自己也是这么认为的。但事实上,跟布置比起来,策划的部分更重要。在我心里,策划就像数字 1,而布置则是数字 0,如果策划没做好,后面有无数个 0 也是徒劳。策划的部分一会儿再聊,现在我先把可见的布置说清楚。

新娘花在婚庆上的钱,占比最多的就是布置,少则几万元,多则百万元。

花了这么多钱做布置,你有没有想过,我们为什么要布置婚礼现场呢?直接订完场地就去结婚不行吗?

你别说,我还真的参加过几乎没有任何布置的婚礼。我发现人本身就是会被周遭环境影响的动物,比起光秃秃的墙面和饭桌,由鲜花、绿叶、织物、灯光等创造的氛围,更容易让我们感受到温暖和爱,是不是很神奇?

布置团队的职责就是把你先前订下的婚礼场地变得更美、更有仪式感,这个过程其实有点像装修,并不一定能马上让你感受到幸福,但它至少是让你靠近幸福的重要环节。

很多刚开始备婚的新娘，会把布置这个板块误认为买或者租赁道具和鲜花等材料，这或多或少是由于受到了婚庆套餐的影响，因为婚庆公司为了让消费者更清晰地看懂公司的收费标准，很喜欢列出各种道具的价格明细，但这容易让我们误以为购买道具就能得到足够美的婚礼现场。我自己在开始备婚时也走了不少弯路，拿着报价单去电商平台搜索了很多关键字，比如婚礼鲜花、气球、罗马柱、LED 屏幕等，搜集了大量的购买链接，还跑去花市逛了一圈。对比之后我才发现，价格差别很大，婚庆公司难道是骗钱的吗？但我仔细思考之后，便发现我似乎想错了。

我在电商平台上搜索的道具就像水泥、钢筋混凝土、砖瓦这些东西，材料价格其实是相对一致的。而婚礼效果就像是一栋栋矗立在街头的高楼大厦，有的风格新颖，让人着迷，有的设计单一，毫无新意，同样由钢筋混凝土建造，怎么区别这么大呢？因为设计师和建造师不同，是的，是因为人，而不只是东西。就像同样一台相机，不同摄影师拍出的照片完全不同；同样的鲜花放到不同的插花师手里，展现出的风景真是截然不同！

1/2 经过设计布置的场地前后对比
摄影：冯德伟
策划：Endless Wedding 谨纪婚礼
3 摄影：佚名
策划：LOMO 岚茉婚礼

我见过几乎没有太多布置的现场，新娘跟伴娘一起去花市买了点鲜花，随意插在现场，效果相对简单，只花费 2 000 多元；我也见过花了 100 多万元，聘请专业设计师、花艺师，走进去就让人不自觉惊叹、过目难忘的婚礼现场。对比之后我发现，不管你花了 2 000 元，还是 200 万元，你花在婚礼布置上的所有钱都用于以下这两个部分。

第一部分是材料、道具。

婚礼上你看得到的一切布置都属于这部分，比如鲜花、绿叶、泡雕、织物、雕塑、摆件、灯光、屏幕……除此之外，如果你预算够高，还会

租赁一些道具，比如椅子、餐具、古董家具、特殊摆件等。这些材料会由于进口和国产以及批量生产和手工定制等区别而价格不同。

第二部分是人。

帮忙设计、制作、布置上面那些婚礼道具和材料的人，比如设计师、花艺师、灯光师等，这部分非常容易被新娘忽略，大家很容易为道具、材料买单，却很难看到人工的价值。举个例子，我跟邱老师装修时，买了一种昂贵的手工瓷砖，而能够铺这种瓷砖的工人的人工费也较高，我们真的试用了两组工人，结果工价便宜的一组铺瓷砖的效果惨不忍睹。这件事给了我很大的触动，就连铺瓷砖这点小事儿，不同能力的人都能展现如此大的差距，何况一整场婚礼。

搞清楚了“婚礼布置”这个概念，现在我就要给你列出布置需求的三种类型，价格依次升高，这样你可以在自己的需求和预算之间做出平衡。当然最有效直观的方式就是考察一场你喜欢的真实婚礼，然后询问价格，我会在这一章末尾列出更多这类小提示。

第一类：模板化布置

这一类布置往往不配备专业的定制设计服务，布置以模板、套餐的形式出现，你能改变的主要是名字、颜色、形状等简单的元素，它容易跟别人的婚礼效果雷同，无法做个性化设计，但

摄影：味精一斤　策划：SEVEN 色温婚礼

胜在价格和制作周期短。最近，市面上流行的一站式婚礼堂也属于这种模板化的形式，大家共享一个场地、一种布置，适合不想在布置上花太多钱、不太在意婚礼效果的雷同性或者备婚时间非常仓促的新娘。

第二类：定制布置

比起模板化布置，定制布置配备设计师，提供更私人化的设计服务，可以根据你的喜好提供个性化的方案，设计师在美术、构图、婚礼风格的构想和设计等方面有一定的能力，适合希望自己的婚礼具有独特的风格且有一定预算的新娘。

第三类：高级定制布置

这类布置可以够得上艺术的水准，配备有专业背景、经验非常丰富或在婚礼行业内有较高知名度的设计师。他们设计的婚礼现场，不一定有你跟老公的名字缩写，但你朋友进场后就知道今天是你的主场，适合希望婚礼独一无二且预算高的新娘。

我说完这三类布置，还有新娘会觉得模糊，因为我本身不是设计师，我现在试着给你举个例子，看看你是不是更容易理解一些，专业老师看到这里，也别笑话我。

打个比方，新郎是机长，新娘是空姐。

第一类模板化布置，可能会选配色以蓝白为主、桌牌是飞机造型的相关套餐，背景也是飞机、登机牌等元素的图案。

第二类定制布置，就是以新人喜欢的颜色为主要配色，但会把印有小飞机标志的金色烫印蜡封和印着他们名字首字母的登机牌模型作为伴手礼，总之就是在保证会场好看的基础上，让设计体现在细节上而不是显而易见的大型摆件上。

第三类高级定制布置，设计师会通过详细的沟通，挖掘出新人的特点，比如为了体现飞行员和乘务长在工作中的坚韧、稳定，设计师用了很多野草、芦苇、石头、仙人掌、绿叶而不是常见的鲜花去设计布置，现场的颜色更是以灰色、大地色为主，表现出一种沉稳的庄重感。总之你走进这个婚礼现场可能压根看不见飞机、登机牌之类的元素，但你仿佛感受到了飞行员和乘务员那种坚韧的气质。

好了，希望这个粗浅的例子能给你一点点启发，但要注意的是，即使搞清楚了这三种类型，你也很难把市面上每一家婚庆公司提供的布置服务都明确地分类，因为很多布置都以混合的形式出现。这真的取决于婚礼的主设计师，所以请务必搞清楚谁来负责你的婚礼设计，而不只是哪家婚庆公司。

· 策划

免费策划，到底是不是骗人的?

说完了布置，我来聊聊策划，也就是婚庆公司的另一项职责。

我们平常总听到婚礼策划、婚礼统筹，这到底是什么？好像很难用一两句话说清楚。这就好比普通人看完电影更容易记住演员而忽略导演一样，越是重要的职位，外行人越难看清其具体的职责，婚礼策划师就是这样一个职位。他们几乎决定你整场婚礼是否可以顺利举行，但就因为婚礼策划是无形的，所以很多新娘完全忽略它。

布置和策划的关系很像是手术中的麻醉和消毒，麻醉更容易被感受到，所以人们接受起来更容易，更愿意为它买单；而消毒就不同了，就是因为人们无法直观看见消毒的效果，所以比起麻醉，消毒的普及更艰难。你能想象吗？就在 100 多年前，有一位医生认为许多产妇的死因是接生医生没有洗手消毒，这位医生竟然因为发表这一观点而最终被解雇。

在婚礼行业中复杂且重要的策划工作，真的就像消毒环节一样，很难被新娘重视。我认识的一位新娘朋友，就因为没有重视策划这件事，婚礼现场状况百出：先是敬茶改口用的茶杯找不到了，然后戒指弄丢了，音乐放错了，最后到换礼服敬酒时，你猜怎么着？礼服找不到了，半小时后才发现落在了接亲的酒店，等取回礼服换上出场时，多半宾客都以为婚礼结束而早已离席，还纳闷儿怎么没见到新娘来敬酒。新娘为这事儿难过了好几年，婚礼当天出些小状况在所难免，但如果是状况百出，那一定是策划不到位。我苦口婆心地写了这么多，就是希望你明白这部分的重要性。

同样是布置，有人花 1 万元，有人花 100 万元，这中间有巨大的差别。现在聊的策划，有着类似的差距，市面上很多婚庆公司都是免费策划，收费策划也是从几千元到几万元不等，差距很大，目前我见过的市面上最贵的策划师是我的一位好朋友，她收费 10 万元（2019 年的收费标准）。需要注意的是，所谓的策划费，可不包含任何鲜花、道具、灯光等费用，就是单纯的脑力劳动服务费。

从几千元到 10 万元，我的天，现在的你是不是更晕了？别着急，为了让你们清楚其中的差别，我大致做了一个简单的分类，依据是北美部分地区的婚礼行业标准，你可以参考一下。

◆ 全套策划、统筹服务

组成：一般有一位主策划带领一个策划团队。

费用：两三万元或者更高（国外的服务费用一般在五六万元）。

特点：每个策划师一年只接一定场次的婚礼（20 场婚礼左右），优质的服务体验、很棒的服务团队往往会伴随一大本文件册以及成百上千个电脑文件。

适合人群：预算高、要求高、时间少的新娘。

◆ 婚礼前一个月的策划、统筹服务

组成：一位策划师或一个团队。

费用：1 万元上下。

特点：在婚礼前一个月开始对接婚礼，花费的精力较少，价格也更低。在这种服务开始之前，你和家人已经定下了场地、婚期、摄影师等，你已经查阅了大量的资料，但毕竟你没办过婚礼，这时候需要这种服务帮你把控之前定下的所有商家，查看合同，查缺补漏，告诉你可能出现的一切你没想到的状况。

适合人群：要求偏高、预算中等、时间还算充裕的新娘。

◆ 婚礼督导

费用：500 元~3 000 元

特点：服务时间短，一般在婚礼前 1~3 天开始，会负责彩排、督导等，总之就是把新娘之前

定下的全部商家、策划流程熟悉一遍并整合到一起，确保能够顺利实现新娘对婚礼的想法，前提是新娘要花费相当多的精力。

适合人群：预算低、时间多和活动筹备能力强的新娘。“要不是今天结婚没空，早就撸袖子开始控场了。”

◆ 婚礼专业咨询顾问

费用：国外是 320 元每小时左右，国内一般免费，我写的这本书就充当这个角色。

特点：提供专业婚礼建议，突然发觉我每天都在为咱们读者提供着这项服务！

跟布置板块一样，策划虽然也能被分成不同等级，但现实中的婚庆公司并没法按照上面这四种类型来划分。你能见到的大部分婚庆公司的策划介于全套策划、统筹服务和婚礼前一个月的策划服务之间，你可以通过他们的收费和每位策划师每年平均接待的婚礼场数来判断服务等级。毕竟人的精力是有限的，一位策划师每年提供全套策划、统筹服务的婚礼场数平均在 20 场左右，如果一位策划师一年接了 60 场，并承诺给你提供全面的统筹服务，那是绝对不现实的。

看到这里，你应该懂了，不同于其他类型的消费品，婚庆的本质就是服务和设计，灵魂是“人”而不是“物”。你在婚礼上花费的钱，大多是购买了人力，而不是东西，不管是设计还是策划，最值钱的都是脑力、智慧、审美。

· 琰琰发明的“新娘测试”

我们已经清楚婚礼策划究竟是干吗的了，接下来我们就要了解自己到底需要什么。策划师不一定要找最贵的，但一定要找最合适的那一位。

我的一位朋友之前是做公关活动的，婚礼只请了 50 人，在一间小餐厅里举办，她拥有非常丰富的活动策划经验，几乎不需要任何资源和人员，所以我建议她不请那种昂贵的全套策划、统筹服务，婚前一个月的策划服务或婚礼督导就足够了。反而是在布置上，她需要更有经验的设计师帮忙，因为她期待自己的婚礼与众不同。

另一位新娘就截然相反了，她的婚礼有 150 人，在一家美术馆举行，美术馆本身很美，她对布置的要求不高，一些简单的鲜花足以满足其对布置的要求。她很在意宾客的体验，自己工作很忙也没什么时间，加上婚礼规模不算很小，中间还要转场，她不希望混乱的状况出现，所以她需要很全面的策划服务，来保证婚礼当天万无一失，或者尽量少出现意外。

发现了吧？你到底需要多少钱的策划服务、多少钱的布置服务，是跟你的需求紧密相关的，想要找到适合的婚礼策划类型，你首先要了解自己的需求。但大家都是第一次结婚，如何明确自己的需求呢？这不，我发明了下面这个新娘测试，你不要急着去看测试结果，而是静下心来认真思考每一道题。当你认真思考之后，不用看结果，你也对自己的需求略知一二了，即使结果和你想的不一样，你也会非常笃定自己的想法。

琰琰发明的“新娘测试”

1. 我备婚的时间：

A. 我一年以后才打算结婚，并且每天可以抽出一小时以上的时间查看婚礼信息（5 分）

B. 距离我的婚期有半年左右，我每周可以拿出几个小时备婚（3 分）

C. 我工作很忙,没时间筹备婚礼(0 分)

D. 我刚刚定了婚期，备婚时间只剩下不到 3 个月了（0 分）

2. 我策划活动的经验：

A. 我组织过无数公司年会、学校校庆、大小展会活动（5 分）

B. 我参加过无数活动，没吃过猪肉，还没看过猪跑吗？我聪明着呢（3 分）

C. 我没有经验，也完全不懂（0 分）

3. 我对婚礼的预算（包括婚宴费）：

A.15 万元以下（5 分）

B.20 万~50 万元（3 分）

C.50 万元以上（0 分）

4. 我预计的婚礼人数：

A. 几十人（5 分）

B.100 人上下（3 分）

C.150~200 人，或 200 人以上（0 分）

5. 我的婚礼品位：

（供应商指的是花艺师、摄影师、化妆师等人员）

A. 我非常了解自己想要什么，也能从婚礼的众多供应商中找出最爱（5 分）

B. 我其实不知道哪个才适合我，有品位但不清楚我最爱的风格（3 分）

C. 我完全看不懂婚礼的这些区别，但是我向往美好的婚礼（0 分）

总得分：

____

答案：

第一类：23~25 分

特点：

你是完美主义的备婚狂人，对于结婚这件事，你既有能力，又有精力，还有专业的审美能力！如果你想省下大笔银子，你根本不需要聘请太贵的策划师，只需要找个督导帮你把控现场就好了。但我也要提醒你，你才是婚礼的主角，绝对不能一手拿着对讲机，一手交换戒指，所以如果不是预算太低，还是尽量请一位专业的策划师。另外，千万别因为自己筹备婚礼而一时冲动地想要投身这个行业，婚庆行业看起来很美，但真的要服务好客户，也不是一件容易的事儿。

第二类：16~22 分

特点：

你不是备婚狂，但稍加学习，你也能成为半个专业人士，因为你要么拥有超强的审美能力，要么拥有不错的策划能力。在之后的备婚过程中，你会越来越清楚自己的需求，但我也要提醒你，在婚礼当天的仪式上，你自己的感受才最重要，操心太多让自己筋疲力尽也得不偿失，找一个得力的策划师来帮你，是不错的选择。

第三类：15 分以下

特点：

你有一些备婚时间和对这场活动的大概了解，但你毕竟不是专家，没有丰富的活动策划经验，也缺少专业婚礼的鉴赏能力，再加上你的婚礼到场人数可能很多，所以寻找一位提供完善服务的婚礼策划师很可能是你的最优选择。

第四类：5 分以下

特点：

你必须请一位价格比较高并提供全套服务的策划师来帮你。因为你实在太忙，并没有太多时间和精力花在筹备婚礼这件事上。

你是哪一类？在我认识的读者里，第二类和第三类是最多的，但不管你是哪一类，这个小测试都只是个游戏，我希望你能通过这个测试看到自己的需求和能力，再据此进一步找到合适的策划师。但常常会出现的一种可能性就是，你是第四类，时间紧，任务重，但你自己又不擅长，预算还偏偏不高，那么这个时候，你要适当降低对婚礼的预期，抓住自己最喜欢的部分，比如说一段令人感动的誓言、准备一个有心的小环节之类的，这些我会在后面给大伙儿更多建议的。

CHAPTER 3

3

如何选择婚礼策划

了解策划师的职责，也渐渐明确了自己的需求之后，是时候思考如何选到自己的灵魂策划师了。我在前面说了，婚礼策划的核心是人，而你现在要做的就是找对人！你要变身为一位人力资源师或项目负责人，去找适合你的婚礼策划师。

大多专业的策划公司都会为每一个新娘配备主策划师，他就像大总管一样，主要负责你的婚礼。如果你找的是独立策划师或者小型工作室，那么你要考察的便是创始人或主创团队等，总之负责你婚礼的主策划人的能力是最重要的。

现在，就请你变换身份，开始招聘吧！

第一步　看作品

想找一位适合自己的婚礼策划师，你就要先从策划师过往的经历入手，策划师的简历大多会呈现过往的婚礼作品，你要先排除那些第一眼看上去就不喜欢的简历，比如婚礼作品不符合你的审美，或者简历造假等（真假的鉴别，我会在后面给你提醒）。盗图现象在婚礼行业比比皆是，我甚至见过不良从业者，假装宾客混入同行策划的婚礼现场，跑去跟新娘合影，并将合影照配上盗来的图发朋友圈，这种伪造、欺骗的恶劣行径是原则问题，一经发现，一定躲得远远的。

哦，对了，查看婚礼策划师的作品时，你也别忘了看看人家的期望薪金，也就是这家婚礼策划公司的起步价，一般的策划公司都愿意透露自己的策划费、起步价等，以免浪费彼此的时间。所谓起步价就是花在婚礼布置上的钱，比较常见的是 3 万元、5 万元或者 10 万元等，外地策划公司的价格还会上浮，你也可以试着问问均价，比如有的高端公司均价是 20 万元，你的预算只有 3 万元，也不需要继续交谈了。

记住，在第一步，你很难选到自己喜欢的策划师，大部分时候，你只能先排除不适合你的策划师。

第二步　线上沟通

看完了作品，相信你已经能排除很多你不喜欢的简历了，然后在留下的一些策划师中找两三位策划师进行微信或电话沟通，这是第二步。这有点像招聘中的电话面试，我很推荐你们使用语音电话的沟通方式，因为打字太慢，还容易造成误会，少打个表情就显得不热情似的，这很容易让你错过对的人。

在这个过程中，你可以通过电话了解对方更详尽的信息，比如从业经历、设计理念、婚礼观、以往接过的婚礼场次、难忘的事等。与此同时，你也可以说说你自己的状态和婚礼想法，以及你和老公的性格、工作等，就像公司也要向面试者展现自己公司的情况一样，这都能增进你们对彼此的了解。

除了搜集你需要的信息，最重要的是在彼此的交谈中找到默契，遇到了对的策划师，你会觉得交流很舒服，而不是尴尬得接不上话。

综合以上的信息，试着筛选出备选人。

第三步　线下见面

好了，经历了前面两步，相信你已经选出了还不错的备选人，现在是时候见面聊聊啦。有的策划师拥有自己的工作室，有的独立策划师可能会约你在咖啡厅见面，不管在哪里见面，你都可以通过面对面的交流深入了解这位策划师。

为了让你更深入地了解策划师，我在后面准备了一份问题清单。记住，提问的重点不是获取答案，而是通过某个话题的交流来判断这个人能否让你感到安心。

举个例子，我曾经约谈过一位婚礼策划师，她不但在前期发地址、电话给我，见面当天还再一次推送了位置、路标指引、停车指南、地铁路线等，就连我有可能走错的路口都做了提醒，当下我就能感受到她的细致和用心。而另一位婚礼策划师只告知了大概地址，保安不让进，当天拨语音电话还没人接，让我站在门口等了半小时。相比之下，显然前者更让我安心，一次约会都安排不好，策划几百人的婚礼时就很可能出现纰漏。记住，你要通过这些细节，选到合适的人。

还有的策划师很爱抢话，聊了一下午，你几乎没说完过一整段话，总是被打断，你很难想象这样的婚礼策划师会把你对婚礼的想法听完。

第四步　谈价格、审合同、交定金

相信我，跟着我的问题清单和小提示，你一定能在面谈后找到适合自己的策划师，此刻你也要开始询价了。就像面试的最后一个环节“谈薪金”一样，再契合的婚礼策划师，跟你也是雇佣关系。感性的直觉和理性的分析相结合，是找到最佳策划师的关键。明确地询问价格，并预估自己婚礼的大体价格，再结合对方提供的服务，你就差不多可以做出决定了。

当你做出决定之后，恭喜你，此刻，你的婚礼又向前推进了一步，毕竟一位得力的助手能在你备婚路上帮不少忙。在这一步，你需要注意的就是合同的审核，口头答应的任何条件都是无效的，除非落实在纸面上。看清楚合同条款，签约后再交定金！

婚礼策划师问题清单

您为什么会选择做婚礼策划师呀?

对于婚礼策划师这份工作，您最喜欢的部分是什么? 最不喜欢的又是什么呢?

您觉得一位优秀的婚礼策划师的核心是什么?

跟其他婚礼策划师相比，您觉得您最大的优势和劣势是什么?

能分享一个您为客户节省预算的故事吗?

可以分享一些您之前遇到的最难应付或者最有趣的新娘吗?

能聊聊您的第一个客户吗? 她怎么找到您的?

最让您有成就感的婚礼是哪一场?

上面的故事对应的是哪一场婚礼，我能看看作品吗?

这场婚礼的新娘做什么工作? 新郎和新娘是怎么认识的?

这个细节好有趣，当时为什么会这么设计?

这场婚礼真好看，当时新娘的预算是多少? 最后花了多少钱?

您能给我说说您印象最深刻的两场婚礼吗？有什么难忘的策划过程吗？

我老公特别不想参与备婚，可是我很想让他参与，您能给我出出主意吗？

您最喜欢哪一场婚礼？能说说为什么吗？

我跟我老公喜欢这样的婚礼（拿出自己的婚礼灵感清单），您觉得按照我们的场地大小，大概多少钱能达到类似的效果呢？

您第一眼看见我时，觉得什么花适合我？

您的服务流程一般是怎样的？

以上就是我想到的你可以跟策划师沟通的话题清单，我也认识很多靠谱用心的婚礼策划师，他们都被我写进了公众号。在这些人中挑选策划师，能大大降低你的时间成本和试错成本。

琰琰的婚礼策划师选择小提示

1. 咱们一定带着爱和尊重沟通！不许居高临下哦！

2. 如果策划师说不出任何有关婚礼故事的细节，或总以保护客户隐私为由不回答任何问题，那么你就要警惕了。

3. 辨别冒牌策划师的有效办法，就是看看对方的微信群，在正常情况下，一位策划师会有大量沟通工作的微信群，很多群里都会有他们和新人的大量沟通细节，你可以试着询问看看。

4. 比起经过修饰的照片，视频往往更有说服力，但你永远都要警惕，作品的真实性难以准确判断，在尊重对方的同时，记得询问细节加以确认。

5. 了解婚礼秀和真实婚礼仪式的区别，后者往往更真实。

6. 要多看几场婚礼，明星、博主、网红（“网络红人”的简称）的婚礼不一定是平均水平，多看看普通人的婚礼。

7. 尽量不要随意留下自己的电话号码，除非你不太在乎被不同类型的商家打扰，否则装修、备孕、生产、育儿等机构都会找上门来。

8. 性价比高不等于价格低！所谓性价比，是自己的需求和产品的完美配比，你对比的绝不应该只是价格，寻找适合自己的婚礼策划师才是重中之重。

9. 天下没有免费的设计，真正的设计通常要结合你的需求、预算、婚礼场地来进行。

10. 当你已经选了一位策划师，请给予其充分的信任，把一切真实想法直接说出来。当策划师问到预算时，请说出真实的情况，这样策划师才能帮你实现梦想的婚礼。

说到这里，我其实也会有点担心很多新娘走极端，不看道具价格、套餐报价，跳过谈判询价的步骤，凭直觉选人，只看聊得开不开心，全然忘记了自己是个消费者。这样做的后果往往跟“只比价格”一样可怕，如果把婚礼策划师当成朋友而忘记了雇佣这层关系，往往会在谈价不统一或策划稍有纰漏时，全盘否定策划师，认为自己看错了人！但其实彼此的关系介于朋友和雇佣关系之间才是最好的，你们既像老板和员工，有竞争也有合作，又掺杂着一些感情。你要做到的是找到其中的平衡点，别把婚礼策划师宠坏，也别把婚礼策划师踩低，张弛有度才是最优的状态。

备婚的整个过程，非常考验你的沟通、管理能力，你可能会感觉办场婚礼，新娘要有三头六臂似的。是的，备婚的过程就是成长的过程，也充满了荆棘，比如与商家沟通、与长辈探讨等，但如何协调各方的需求，就看你的本事了。相信走过备婚这一路，你才算真的一脚踏入了婚姻的大门，再不是象牙塔里那个把世界看成平面体的小女孩儿。想要收获幸福，你一定要学会的就是平衡，这是一生的课题，备婚只是入门而已。

琰琰婚礼感悟：

我跟邱老师筹备婚礼那会儿，可真是穷啊，我当教师的收入有限，加上邱老师也才刚刚步入职场，薪水比我还低。在筹备婚礼的过程中，控制预算成了我最大的课题。我是个细节控，很擅长把控各种流程细节，所以筹备婚礼之初，我便自以为是，觉得自己只需要一位布置场地、落地执行的设计型策划师，而统筹、督导流程等我都能够自己上阵。结果现实证明我是错的，我在婚礼前一夜还在做 PPT（演示文稿），联系供应商，疲惫不堪。即使这样，我的婚礼现场也一度陷入了混乱。虽然婚礼总体是令人感动和美好的，但如果让我再选一次，我肯定会提高在策划费上的预算，购买更好的婚礼策划服务。

CHAPTER 3

4

如何选择四大人员

当婚礼日期、婚礼场地、现场的设计布置和策划师人选统统搞定，那么接下来就需要四大人员上场了，他们分别是摄影师、视频制作师、化妆师、主持人。

四大人员其实是四个团队，比如摄影师一般是两三个机位的摄影团队，视频制作师也是负责从现场录制到后期剪辑的三五个人的团队，就连化妆师都常常会带着一两个助理。

在比较传统的婚礼中，这四大人员的服务由婚庆公司提供，多以总监、高级、明星御用等名称出现在套餐里，但伴随着互联网的发展，四大人员有的独立开起了工作室，拥有了自己的名字和标志。找策划师来统筹这些人员，可以省掉不少沟通成本，并保证所有人员协同配合，而自己统筹四大人员则更为灵活，价格也更透明。但无论你选择哪一种方式，我都强烈建议你做到心中有数，了解四大人员分别是“哪个具体的人”，真的至关重要。

谁为我拍摄、谁为我化妆、谁为我主持，这个人是不是我喜欢的、适合我的，才是重点。我见过很多为明星服务过的所谓总监级别服务人员，在婚礼当天表现傲慢，自以为是，把新人气得半死。所以确定四大人员，并保证看过这些人的作品，才是重中之重。很多新娘迷迷糊糊定了个总监级别摄影师，结果根本不知道婚礼当天来拍摄的人是谁。偷偷告诉你，我大学时的一位学长，就经常被婚庆公司找去代替总监级别摄影师接活，拍一场婚庆公司给他 500 元，卖给新娘 5 800 元，价格高得吓人。

跟找策划师一样，找四大人员的核心也是看人，想要找到对的人，准备几份问题清单绝对是不错的选择，下面我们就开始吧！

摄影师怎么选？

终于迎来了这个时刻，我们穿着迄今为止几乎最华丽的礼服，从头发、妆容到每一件配饰全都计划已久，被亲人和朋友的祝福围绕，最重要的是，自己即将和身边这位共度余生。而最能把这一切感受封存起来的就只有照片和视频了。这些照片和视频，在日后可以用来和你们的孩子以及那些出于各种原因而没到场的朋友分享。花些精力在挑选摄影师上，我想这是非常值得的。

摄影有很多风格，比如纪录片风格、照片新闻风格、美术风格等，你可能很难清晰地分类并表达自己的需求。但相信我，你可以通过面试摄影师而最终梳理出自己的需求，并找到合适的人。

请问您的摄影风格或理念是什么？

每一位新娘都有自己的喜好，但外行很难准确表达出这种对图像的喜好。纪实类摄影师很喜欢躲在角落里，不露声色地记录动人的瞬间，而传统的婚礼摄影师则喜欢让新人摆姿势，或拍摄大量的合影等。为了更好地服务新娘，越来越多的摄影师都能综合以上风格，既能记录婚礼，又能为新娘拍一些合影和摆拍照片。但不管怎样，每一位摄影师都有自己的理念或风格，你可以开诚布公地询问，并把自己喜欢的婚礼照片拿给摄影师看，好的摄影师真的很坦诚，甚至直言不讳地告诉你这不是自己擅长的风格，建议你选择其他人。总之，提这个问题会让你在你喜欢的风格这件事上茅塞顿开。

是您本人来为我拍摄婚礼吗？您会在我的婚礼现场吗？您会拍摄多久？

这个问题听起来有点傻，对吗？但是它非常重要。确定摄影师比确定品牌重要得多，比如品牌名字是琰琰工作室，你务必要确认是不是琰琰这个人为你拍摄。

可以给我看几场完整婚礼的照片吗？我是说一整场婚礼的全部照片。

每一位摄影师都会在自己的朋友圈或社交媒体上发布一场婚礼中最优质的几张作品照，但考验一位摄影师的，不是这几张作品照，而是能否在一整场婚礼中持续地输出同等优质的照片。试着去看看一场婚礼的所有照片，你便能看出眼前的这位摄影师能否满足你的要求。另外，你也能确认眼前这位摄影师是否盗用了别人的作品来宣传自己。建议你在深入沟通后再询问。

可以给我讲讲您一天的婚礼拍摄安排吗？您提供的拍摄服务具体都包含哪些？

国内的婚礼摄影通常都是两三个机位，你可以咨询不同机位对应的不同价格，除了确认具体的主摄影师究竟是谁，服务时长、大概的照片数量、是否提供原片、后期相册的价格也都记得询问。通过咨询服务时间，你可以了解摄影师是否会拍摄来宾合影、敬酒晚宴、户外场景、婚宴后的派对等。总之，通过了解摄影师一天的工作安排，这些你也就知道个大概啦！

如果……发生了怎么办？

婚礼当天，各种意外都有可能发生，比如相

机储存卡罢工，镜头损坏，甚至相机不好用之类的，咨询摄影师的一些过往经历，听听他们是如何处理这些意外状况的。除了设备上的问题，天气也是意外发生的常见原因，比如严重雾霾、十级大风等。在探讨这些意外状况的过程中，摄影师能展现出自己的经验和应对糟糕状况的态度。当然，利益上的保障也是很有必要的，如果出现意外，合同上是否明确了经济上的赔偿，这个是考验摄影师 / 机构是否具有专业服务能力的重要标准。坦白讲，在这方面，机构或公司的表现通常会优于独立摄影人。

您介意我提供一张拍摄清单供您参考吗？

我曾在几年前撰写过一份婚礼拍摄清单，后来被网络读者疯狂转发，那时我第一次意识到，在婚礼前确认一些细节，以及重要宾客得以出镜是新娘很在意的部分；但对部分摄影师来说，这似乎是某种束缚，他们更希望获得拍摄和创作的自由。所以在这个问题的交流中，你可以看出摄影师在创作和服务之间的考虑，摄影师是希望你不要干涉，只要信任他就可以，还是愿意听听你的想法，一起合作拍摄好你的婚礼。

我们多久能拿到照片和精修照片？

每个摄影师需要的后期制作时间都不同，这取决于后期产品制作的复杂度和他忙碌的程度，但后期时间太久真的会让人头疼，所以我建议你咨询清楚，必要时可以写进合同里。

除了这七个问题，你还可以和摄影师本人就他的经历、学历、为什么喜欢摄影、有什么特别难忘的拍摄故事等展开沟通。在沟通之后，你问问自己，你们聊得来吗？相处愉快吗？你愿意请他来记录你们的婚礼吗？你会在他的镜头前感到自在吗？这个人让你舒服放松地做你自己了吗？你喜欢他的拍摄风格吗？如果这些答案都是肯定的，那么你八成可以在看完合同后交定金了！

琰琰的婚礼摄影选择小提示

1. 拿不出像样作品的摄影师，说再多的漂亮话也别信。

2. 想确认一个摄影师的口碑，可以在互联网上找他之前服务过的新娘做个背景调查，私信问问。

3. 千万别制作太长或者太复杂的拍摄要求清单，浪费太多时间在拍照这件事上，会让你的婚礼体验大打折扣，这得不偿失。

4. 请记住，婚礼当天的感受是主要的，拍摄记录是辅助的，不要本末倒置。

5. 戒指、高跟鞋、请帖等静物拍摄不宜耗时太久。

6. 如果想节省预算，可以缩短拍摄时长，比如只拍摄婚礼仪式等，三四个小时也许就足够了，不一定非要请摄影师记录全天。

7. 相册、摆台等照片展示工具，可以自己网购，这也是省下预算的好方法。

8. 如果你的婚期比较冷门，试试大胆砍价！

9. 拍婚纱照、写真照，或者给父母拍一组照片等，都可试着和摄影师提要求，这也是一种寻求折扣的方式。

视频制作师怎么挑？

我是个很爱看视频的新娘，比起照片，我对视频更狂热，可能因为我本身喜欢动态的展现，加上邱老师小时候出演过不少电视剧和电影，所以在本就不高的预算里，我们把 2 万元的预算划到视频部分，这是一项不小的支出。而结果证明，我真的做了无比正确的选择。我非常喜欢自己的婚礼视频，每一年都会回看无数次。如果你也想看，可以来我的公众号。

和我的狂热正相反，有的新娘对视频有点排斥，一来机位太多，婚礼容易被打扰，五六个镜头对着她狂拍，难免有被狗仔队偷拍之感；二来价格太高，动辄几万元，实在心疼。确实，想要一个像样的婚礼视频，价格几乎都不会太低，毕竟只有专业的前期拍摄和后期剪辑才能转化为像样的婚礼电影。

想要达到适合自己的婚礼视频效果，你只需要三个步骤。

第一步，看作品。

仔细研究视频团队的婚礼作品，针对每个团队至少完整地看三五个视频，如果每一个作品都让你产生共鸣，并且哭了又笑，那么很可能你遇到了自己的菜。

第二步，看风格。

我当年选视频团队时，第一步就选出了自己的最爱，直接交了定金，丝毫没有犹豫。但随着越来越多的视频团队出现，新娘会变得越来越纠结。有个读者告诉我，看得越多，喜欢的越多，根本选不出来。那么这个时候，你就要开始仔细研究风格了，比如有的视频更偏向记录，而有的摄影团队则像导演一样给予引导。最后成片的色调、讲故事的风格，也能从作品中略见一二，辨识那些你喜欢的婚礼视频有什么风格，也能让你更了解自己的需求。

第三步，沟通细节。

跟上面通过提问筛选摄影师类似，最后一步就是询问一些相关问题，比如婚礼后多久能交付最终作品，录制视频使用的设备是否有优惠的价格，如何跟摄影师配合，能否做到不抢机位、通力合作等。在这个过程中，感受对方的个性是否跟你合拍也很重要，毕竟他可要在婚礼上跟你度过一整天的时间呢！

琰琰的婚礼视频团队选择小提示

如果你在视频上没有高预算，你也可以试着找找便宜的录像机位，这类机位通常只保证图像清晰，不怎么考虑创意和故事性，你甚至可以找朋友帮忙做这件事。婚礼结束后，你拿到所有的片段，去市场上购买后期剪辑服务就可以了。当然，影像的质量也是一分钱一分货，在预算有限的情况下，你也要适当降低预期。

化妆师怎么找？

在婚礼当天雇用一位专业并提供全天跟随服务的化妆师是大部分新娘的选择，而试妆则是专业化妆师提供的必备服务之一。这让我一度以为，只要看看试妆美不美就好了，新娘挑化妆师好容易啊！但结果并非如此！

大部分女生因为没有被造型师服务的经验，所以根本分不清妆容的好坏，只要化了全妆，就已经觉得超美了。但事实上，专业的化妆师和实习生级别的化妆师真不是一个境界！前者能根据你的婚礼现场、婚纱风格、你本身的气质，甚至你老公的特点，从妆容到发型再到配饰上设计出非常适合你的整体造型。但实习生级别的化妆师顶多就是把粉底、遮瑕膏、腮红、口红等化妆品全用在你的脸上，这样的效果往往是千人一面，你只是上了妆的女生，而不是气质独特的个体。

那你要怎样才能知道这位造型师的专业水准呢？

第一，看作品。

有点经验的新娘，其实一眼就能从作品中看出造型师的风格和水平，比如是每一个新娘都有独特的美，还是一水儿的一字眉，乍一看都差不多。发型也是造型的重要部分，你要知道，国外很多新娘的发型和妆容都是分开付费找人设计的，很少有全能的造型师，但我们很幸运，国内的婚礼化妆师大都是全能型。

第二，聊细节。

可以找几种你喜欢的妆容，问问造型师它们的风格特点，也可以让化妆师跟你分享几个自己的作品，并告诉你创作的小心思。当然，并不是每一位造型师都善于表达，但我相信简单的交流，就能让你感到对方能否令你安心和舒服。我喜欢在这个阶段跟造型师沟通自己平时的化妆习惯，比如讨厌亮闪闪的东西、粉色口红，喜欢小小的双眼皮贴和大地色的哑光单品等，这个过程能让造型师很快了解我的喜好。

第三，试妆。

我建议你在选好婚纱礼服后再预约试妆时间，毕竟这样才能更好地展现出造型师的设计风格。在试妆的过程中看看化妆师的手速如何也很重要，毕竟婚礼当天的时间如此宝贵，如果因为在造型上花费大量时间而耽误了婚礼，可就得不偿失了。记住，试妆最重要的就是相信自己的感受，好的造型一定是让你舒服的、好看的，而不是别扭的，毕竟如果你不够舒服自信，婚礼当天的状态也一定不会好！

琰琰的婚礼化妆师选择小提示

1. 如果镜子里的你不够美，那就是不够美，不存在看着不美而拍出来却好看这件事。

2. 一定要你觉得自己足够好看，相信自己的感觉。

3. 头发不一定要盘起来，也没人规定新娘要浓妆，只要你觉得好看，怎样都可以。

4. 防水、防晕妆很重要，毕竟你可能会哭。

5. 想画出好看的新娘，得先画出好看的人——这句话送给化妆师。

主持人怎么定?

关于主持人这个部分，我整整想了三天。这三天我跑去跟我认识的几位特别火爆的网红主持人聊天，脑袋里一直在想，如果我是马上要办婚礼的新娘，我究竟要怎么选主持人? 在四大人员里面，化妆师可以先试妆，摄影师和视频制作师都能通过完整的作品来了解，唯独主持人，你很难在婚礼前清晰地了解他们。最近我和一些新娘聊天，聊到主持人的时候，她们简直快气炸了! 有的新娘说，她的婚礼主持人，简直把自己当明星，婚礼全程站在她和新郎中间，策划师和摄影师反复提醒，主持人就是不听，写的主持稿也是陈词滥调，还不愿意接受修改建议。婚礼现场是在户外，没有大门，主持人非说“幸福的大门缓缓打开”；介绍新娘的时候，说新娘“不是仙女胜似仙女”……关于这些问题，他们之前都提过意见，结果主持人就是不改，怎么写的就怎么说。

更过分的是，仪式结束后，他们让主持人维持秩序，引导人员合照，结果主持人说：“这么简单的话，还需要我来说吗?”……听得真是让人来气! 不过，生气归生气，但这样的事也不少见。但怎么找到适合自己的婚礼主持人呢?

第一，看颜值不如看气质。

在老一辈人的婚礼观念里，主持人就像个演员，大家主要看他们是否好看，高不高，普通话是否标准，有没有才艺，甚至有没有白头发……但现在的标准完全不同了。主持人通常都会提供一些视频片段，用来展现他们自己的主持风格，你可以通过视频中的语气、音调、穿着、手势等一系列元素体会到一个人的综合气质，也就是我们常说的眼缘。这是非常个人化的感受，看起来不讨厌、说话听起来挺舒服，这是第一步的筛选标准。

第二，选出合适的风格。

就像摄影师有不同的风格一样，主持人也有不同的风格，你要结合自己的婚礼特点，选择合适的主持人，这是新娘最容易忽略的事。我的朋友卷卷就是这样，她很喜欢接地气的主持人——说话不那么字正腔圆，而是给人更随意轻松的感觉。但她的婚礼有 500 人到场，这么大规模的经典婚礼，又大多以长辈宾客为主，过于轻松活泼的主持人很可能并不合适。要根据婚礼的人数、规模和宾客的年龄，以及你希望的婚礼调性，是轻松欢快，还是娓娓道来的温暖，来确定主持人的风格。

第三，看主持人会不会抢风头。

有人会告诉你，好的主持人知道怎么控场、怎么随机应变，但在我看来，比这更重要的是摆好自己的位置、清楚自己的定位，主持人是服务者而不是主角，服务精神才是主持人的内核。观看主持人视频时，可以通过主持人的站位和表现，先排除那些全程站在新郎、新娘中间当人肉墙的；以及把婚礼当个人演唱会，唱了一遍又一遍，把新人晾一边的；还有那种没事儿干，就喜欢让宾客给自己鼓掌的……把这些统统都要拉进黑名单!

第四，见面沟通。

好啦，走过了前面三步，你终于找到了几位看着顺眼、听着舒服又相对适合自己婚礼风格的主持人。现在就要开始沟通啦，这可是重头戏。四大人员的核心就是人，主持人也不例外。不管你看他们的视频感觉怎样，我都建议你见面或者通过视频电话沟通，毕竟形象气质这东西，只有看到不加滤镜的真人才能真切感受到。我准备了一份跟主持人聊天的话题清单，记住，重点不是寻找答案，而是聊天的过程。

我想要在婚礼上……（描述某个特别的婚礼环节），您有什么好的建议吗？

您怎么会想到做婚礼主持人呀？

您平时有什么爱好呀？

您最近主持的婚礼里，印象比较深的是哪一场？

您最喜欢的婚礼音乐有哪些，可以推荐几首吗？

您有团队吗？是多少人？分别负责什么？

作为主持人，您对婚礼的理解是什么？

您认为在一场婚礼中，主持人扮演的角色或者起到的作用是什么？

您的主持风格是怎样的呢？

您是怎么把新人的特点融入婚礼主持词中呢？能给我举个例子吗？

有没有遇到过婚礼中的突发事件，您是怎样处理的呀？

不管是关于婚礼策划师，还是四大人员，都会有新娘问我："琰琰，这些人员都要花钱雇用吗？用亲戚朋友可以吗？比如让朋友主持、哥哥摄影、闺密统筹、朋友帮忙布置。"我的答案是完全可以，只要你心里做好相应的预期，就像开公司雇用亲戚朋友当员工一样，不是不可以，而是有风险，搞砸的概率相对大，毕竟真正上台之后，职业歌手和业余麦霸可不是一回事。

CHAPTER 3

5

你可能还需要这些人的帮助

除了上面提到的婚礼策划师、布置师、四大人员，一部分新娘可能还会需要下面这些资源，比如婚礼插画师、纸品师、甜品师、婚礼乐队、婚礼动物、小丑魔术等，你可以通过婚礼策划师或者社交媒体来寻找这些资源，我的公众号上也有一些商家供你选择。

婚礼团队可能还包括下面这些人员。

DJ（音响师）：这可不是打碟的，而是负责婚礼当天的音乐设备操作。

VJ（影像骑师）：主要负责婚礼当天的视频设备操作。

灯光师：负责灯光效果的操作。

总控师：有些婚庆公司或工作室会把我上面提到的人所做的所有工作交给一个人去负责，那个人就叫总控师。但基本上只有百万级预算或超过五百人参加的婚礼，才专门需要一个人去负责这些设备的操作和安排。

督导：策划师负责婚礼整体流程的把控，督导的作用就是要落实策划安排的工作！根据婚礼规模大小，督导可以不止一个。

新娘秘书：大部分的新娘会选择伴娘担当这个角色，但是，大多数的伴娘都没结过婚，对婚礼的环节和流程都不清楚。而新娘秘书基本上就是全程服务新娘，需要对很多事轻车熟路，所以让伴娘做新娘秘书有风险。但不是每个婚礼策划公司都有新娘秘书，如果你有预算，记得提前问问婚礼策划师。我参加过有新娘秘书的婚礼，新娘真的会很安心，至少没人打电话找新娘！

以上就是组建婚礼团队中你要记住的主要事项。写到这里，我其实还有几句心里话想跟你们说说。

平时跟读者聊天，我受到的最多的赞赏就是“琰琰，你可真不像婚礼行业的人”。你发现了吗？对婚礼行业，大家都有着说不清道不明的偏见。我能想象，在过去的几十年里，被坑过、骗过的新娘实在太多了，大家对“干婚庆的”都没什么好印象。但你知道吗？现在的婚礼人，真的不同了。他们有的是国内名校毕业，也有的是海

外留学归来；有的是专业出身，也有的是自学成才。他们爱旅行、爱拍照、爱读书，他们也曾经是律师、博主、杂志主编、自媒体人、公务员……只是因为喜欢婚礼，他们成了婚礼人，也正因为这些人，婚礼行业已经今非昔比。我希望所有正在阅读我的文字的新娘能给予这些婚礼人更多的尊重，也希望那些因为害怕偏见而不敢踏入这个行业的小伙伴鼓起勇气，加入我们。以上，是琰琰的心里话。

最后，不管你是新娘，还是婚礼人，都欢迎你来公众号找我。我的工作就是专门帮助新娘找到独具匠心的婚礼人，也帮助婚礼人找到尊重其服务的客户，祝你们都能找到最合拍的灵魂婚礼人！

1 | 3 | 4
2

1 婚礼插画师的成果　插画：朴阿美
　新郎：潘胖子 & 新娘：李婷婷
2 甜品师的成果　摄影：黑妹与猫　策划：怪兽花花
3 纸品师的成果　摄影：黑妹与猫　策划：怪兽花花
4 婚礼乐队　摄影：曾小夏　策划：莉莉格林婚礼策划

CHAPTER

4

婚礼现场布置和设备

前面说过，人们之所以要在婚礼上做很多设计和布置，是因为环境对氛围的影响实在太大了，我们很难在光秃秃的白墙前说出誓言，也很难在没有任何设计感的环境下感受到幸福，所以场地的布置变成了必不可少的婚礼环节。除了我们熟悉的鲜花、道具、舞台，灯光、话筒、音响、屏幕、投影仪等也需要，这些东西加在一起的花销通常会占很大的比例。虽然我十分不赞成预算有限的新娘在婚礼布置上花费过多，但我不得不承认，婚礼的布置实在太重要了，我当年备婚时也忍不住在这上面花费了大量的精力。

为了让你们少走弯路，节省精力，我会在这一章把婚礼布置、设备等相关的事项尽量罗列出来，相信你花1小时看完这些，再配合你的婚礼策划师，肯定能事半功倍。当然，如果你预订的场地拥有配套的婚礼布置，那么这一章你只需要跳到最后一小节去看看婚礼小物就好了！咱们开始吧！

摄影 & 策划：MiaoWedding

CHAPTER 4

1

我们在说婚礼布置时，究竟在说什么

说到婚礼布置，好多新娘都是一头雾水，只能盯着手机里存的一张张美图发呆，感觉每一张都喜欢，每一张都好看，但就是选不出自己的最爱，更不知道自己的婚礼应该是什么样子。想要明白这件事，不如先搞清楚，你的婚礼现场，究竟有哪些地方需要布置呢？

现在，请你去自己的灵感相册里，找几张婚礼图片端详，你发现了吗？其实婚礼现场就像我们住的房子一样是有分区的，虽然乍一看很美，但其实里面是有规律的。

关于婚礼布置，我教你一个妙招，你一看就懂！

那就是把婚礼布置想象成装修，这两件事超级相似！不信，你往下看。

装修房子时，我们会先把一个大房子划分出不同区域，比如玄关、客厅、卧室、厨房……布置一场婚礼时，咱们也要先分区，比如迎宾区、仪式区、用餐区……学会了这个方法，婚礼在你脑袋里就不再是一大片区域，而是一个个有规律的“房间”。

1. 迎宾区

像你家一开门看到的就是玄关一样，婚礼当天，宾客踏入婚礼现场，先见到的地方就叫迎宾区，一般安置在婚礼场地的门口。

像玄关处有鞋柜、鞋凳、衣架、挂画一样，迎宾区一般会摆放签到台、甜品台、水果台、饮料台，也有的新娘喜欢设置一个合影墙、照片墙等，迎宾牌、指示牌也是很常见的选择。你看出来了吗？这些东西的作用很简单，就是要让宾客一进门就感受到婚礼的氛围，虽然新娘很忙，不能亲自出来接待，但这些摆设会让宾客感受到温暖。

1
2

1 摄影：集豪
策划：Sammi
新郎：广哥 & 新娘：小柔
2 摄影 & 策划：Unique Siri

2. 主仪式区

宾客穿过迎宾区，接下来就到了主仪式区，不用我解释你也知道，这就是新郎新娘交换戒指的地方，也是举办婚礼的主场。你可以把这个区域想象成你家客厅，客厅里面有沙发、电视、茶几，主仪式区一般也会设置主仪式背景区、仪式通道、新人出场区、宾客座椅装饰区、吊顶区等。

1 | 2

1 摄影 & 策划：MiaoWedding

2 摄影：卢美扬

新郎：挚哥 & 新娘：渟渟

策划：MiaoWedding

萬流砥柱

摄影 & 策划：MiaoWedding

3. 用餐区

仪式结束后，客人需落座用餐区。当然，在酒店大厅举办的经典婚礼，用餐区和仪式区很可能是重合的。

用餐区跟家里的餐厅有点像，家里餐厅的餐桌上一般会铺桌布，摆花瓶、漂亮的餐具、杯子，而用餐区的布置一般包括桌布、桌牌、桌花、感谢卡、宾客座椅椅背等。

4. 特殊区域

就像我可能会在家里额外布置出一个读书、冥想、玩游戏的空间一样，你的婚礼也可以有很多特殊的区域，用来满足你们额外的需要。我认识的一些新娘还会安排甜蜜桌，这是专门给新郎新娘用餐的迷你婚宴桌，还有儿童游乐区。

以上就是大部分婚礼需要布置的区域。你要记住，这完全是根据你的需求来设定的，就像没人规定你的房子里必须有客厅一样，婚礼上的这些区域也绝不是必需的，你完全可以根据自己的需求和预算，以及希望带给宾客什么样的体验来确定。当然，如果你聘用了非常专业的婚礼设计师，那么这些就不用你操心了，因为设计师会根据婚礼的环节以及你们的需求、喜好等定制属于你们的婚礼现场，比单独设计这些分区更为走心和细致。

1 | 2 | 3

1 first look 区，是新郎第一次看到新娘穿婚纱的区域。
摄影：西里和兔子婚礼摄影　新郎：Even & 新娘：Karen　策划：伊万克伦 EvenKaren

2 婚宴结束后的派对区，是用来跳第一支舞，以及和宾客一起喝酒玩游戏的区域。
摄影：黑妹与猫　新郎：珺也 & 新娘：天意　策划：怪兽花花

3 宾客等待区或游戏区，也就是从宾客进门到婚礼开始这段时间里，宾客可以休息的地方。
摄影 & 策划：美纱文化　新郎：老王 & 新娘：凯特

結婚式へよう

CHAPTER 4

2

哪种风格都喜欢，这怎么办

了解婚礼现场的分区，就好比知道自己的房子有哪些功能区，比如哪里是客厅，哪里是厨房，哪里是卧室，接下来你就要考虑整体的风格和配色。

说到风格，新娘最头疼的就是“什么都想要”，新中式风、中式风、波希米亚风、工业风、和风、复古风、北欧风、极简风等，但究竟要如何取舍呢？想要找到自己的风格，最简单的方法，就是从自身出发。就像你会根据自己的身材、气质以及场合选择不同风格的穿搭一样，办婚礼也要从你和丈夫两个人的特点出发。

我跟邱老师办婚礼那会儿，对婚礼主题或者风格的理解还停留在有双方的名字缩写或者名字组词的水平。那一段时间里，我跟邱老师天天在家里研究组词，比如“你一琰，我一雨”（邱老师的名字里有“雨”字），或者“雨琰与共”之类的，回想起来有点表面化了，难免有些俗气。

现在，我对“婚礼风格”这四个字显然有了更加深刻的理解，不再停留于思考名字、职业等显而易见的元素，而是喜欢挖掘更深层的意义。举个例子，2021 年初，我跟邱老师打算给我们的儿子薯条办一场百天宝宝宴，我当时在小红书、微博等平台搜罗了一圈这种宴会的风格，存了很多图在自己的手机相册里，但越看越迷茫。说真的，网络上的每一种主题风格都很好看，可我为什么要选择旺仔主题或哪吒主题，又为什么是小动物主题或麦当劳主题呢？这些跟我有什么关系，难道只是因为好看？

就在我看得眼花缭乱时，我开始问自己：“我为什么要举办这个仪式？在薯条成长的这百天里，有什么是我最难忘的？”我立刻拿出纸笔，开始写下我脑袋里的关键词——奶嘴、奶瓶、围嘴、尿不湿、小衣服、小鞋子、咬咬胶、热奶器等，这是我每一天都会与之打交道的东西。薯条正处于最依赖我的年纪，我们每一个人都经历了这个阶段，然后开始慢慢学走路，上学，最后长大成人。我想记录这个最珍贵的婴儿时期，也庆祝与薯条的相遇，所以在宝宝宴现场，我们给每一位宾客都发了一个围嘴，让大家签名留念，现场还放了很多安抚奶嘴、奶瓶、婴儿床、摇篮和小推车。我想在薯条百天的日子里记录人的起始阶段，并铭记新生命降临的这份幸福与期待，提醒自己在以后的路上少一分功利心、少一分焦躁。我把这些零碎的想法发给了我的设计师，设计师结合我喜欢的简约风格设计出了宝宝宴的方案。

跟你们分享这个经历有两个目的。一来是表达婚礼风格并不是一簇花、一株植物展现出的设计，而是贯穿流程、环节、细节等各个方面的灵魂。二来是想激发你们从心出发，忘掉手机里存的图和我上面罗列的流行风格，审视自己。由外而内，看看你自己的电商购物车、衣柜、口红色号、喜欢的品牌，想想你和老公最爱的城市、最爱吃的菜、最喜欢的歌，你们为什么举办这场婚礼，你们的信仰、家庭、性格是怎样的，什么让你们选择了彼此，什么样的经历让你们遇到彼此，什么样的瞬间让你们决定结婚，这些才藏着属于你们自己的风格，而不是极简风、北欧风、复古风。

好了，下面我就罗列出一些婚礼策划师常用到的问题清单，没准儿你看完能慢慢找到自己的婚礼风格。

琰琰婚礼风格探寻问题清单

Q1. 你对他的第一印象如何？

Q2. 想想你们相知、相爱的过程，你是什么时候认准并确认他就是你的另一半？

Q3. 交往过程中令你印象最深刻的几件事是什么？

Q4. 你是什么星座，有什么性格特点？平时有什么爱好？

Q5. 在你眼中，对方是什么样的人？他最吸引你的是哪一点？

Q6. 平时你们有什么共同爱好？比如旅行，去过的最喜欢的城市是哪里？旅行中有没有印象深刻的事件？

Q7. 你们一起看过的最喜欢的电影是什么？都喜欢去哪家餐厅？喜欢听什么音乐？哪几首歌可以代表你们的爱情故事？

Q8. 你们从恋爱到结婚有什么变化？你对未来两个人的生活有什么憧憬？

Q9. 对即将筹划的婚礼有什么设想？梦想中的婚礼是什么样的？偏爱哪种风格与色彩（浪漫梦幻，清新自然，简约大气，复古奢华等）？

Q10. 有喜欢的建筑师或建筑，艺术家或艺术作品，作家，诗人，音乐家，演员吗？可概括说明喜欢的原因。

Q11. 你喜欢乡村海边的寂静，还是城市的灯火阑珊？

Q12. 你最喜欢的品牌是哪几个？为什么？

Q13. 你喜欢哪些材质或元素，如玻璃、金属、石膏、木质、蕾丝、花艺、几何、线条等？

Q14. 你喜欢什么植物？

Q15. 在婚礼仪式中你比较注重哪个环节？更加重视流程亮点还是现场布置？

Q16. 你有什么深刻的相识相爱的情节想呈现在婚礼上？

Q17. 是否想要通过婚礼展现情感（如爱情、亲情、友情）以外的属性（如社会性、公益性等）？

Q18. 你在婚礼中想给他什么惊喜吗？他有什么心愿想要实现（例如你独创的惊喜环节或神秘礼物）？

Q19. 在婚礼上，有特别想要感谢的人吗？

Q20. 你不希望婚礼中出现什么元素或情节？有没有不想提到的人或事？

Q21. 喜欢的主持人风格是什么样的？对声音、形象有什么偏爱吗？你不希望主持的过程过多涉及哪些方面？

Q22. 你们喜欢什么风格的摄影与视频？

Q23. 你有非常喜欢的婚纱款式吗？对于妆面风格有何要求（如清新自然、可爱、典雅复古等）？

琰琰的婚礼小提示

1. 拿着图片跟策划师交流，比文字好过一百倍。

2. 除了婚礼图片，家居、橱窗、咖啡店等任何图都可以拿给你的设计师参考。

3. 办婚礼也需要断舍离，你不可能什么都想要。

4. 婚礼布置的方案，要匹配你的婚礼场地风格，以及你的预算。

5. 记得提前问问长辈的禁忌，比如我婆婆就忌讳黄色和灰色。

最后和你分享一个我很喜欢的句子：你身上的衣服，你家中的装饰，你沟通的语句……这有关你的一切决定了你的婚礼风格。婚礼风格不是创造的，而是你本身。

CHAPTER 4

3

音响、灯光、屏幕、话筒……这些别忘啦

有了上面的布置，你的家，哦不，你的婚礼现场就彻底变美了，但你还需要很重要的一类东西，那就是各种工具：话筒、音响、灯光等。

有些婚礼场地会提供相关的设备，有的地方则需要你另外租赁，你的策划师会帮你搞定这些设备。如果是自己操办婚礼的新娘，那么你去电商平台也能找到大量租赁这类设备的公司，把这些设备拉到你的婚礼现场并不复杂，难的是谁来卸货，谁来调控，谁来保证这些设备不出问题，也就是统筹的工作。这也是为什么我强烈推荐你雇用一名专业策划师，因为只有专业的人员才能保证设备在现场顺利运行。我有一位广州的读者，她举办婚礼时竟然跳闸了，后来才知道是设备出了问题，新娘后悔得不行。所以，除非你的婚礼预算只有几千元，否则我真的不建议轻易选择 100% 自己操办婚礼。

迎宾区、仪式区、用餐区等全部区域的装饰设计结束，灯光、话筒等设备也全部搞定，婚礼布置是不是就到此为止了？还有什么需要做的吗？其实大体来说，就可以到此为止了。但记住，我在上面提到的这些东西，就像是一块块拼图，只有专业的婚礼团队，或者有多场活动策划经验的人，才能把这些拼图严丝合缝地拼合在一起，最终呈现完整的婚礼。

但如果你有多余的时间和精力，可以考虑添置能让你花小钱办大事的婚礼小物件，这些能帮你拍出好看的婚礼照片。

婚礼小物清单

帐篷	婚礼请柬
沙画签到	誓言卡
文身贴	拍照道具
透明提袋	袖扣
自制鸡尾酒	戒指盒
手捧花	团扇
乐高积木元素	伴手礼
珍珠元素 （珍珠串做成的婚纱肩带、珍珠头纱、珍珠配饰、珍珠婚鞋）	晨袍
	干花
铁艺烛台	婚房装饰
金属衣架	

CHAPTER

5

婚礼的环节、流程和执行

终于迎来这一章啦！跟一开始翻开这本书时一脸蒙的状态相比，现在的你是不是很不一样了？你可是半个“婚礼专家”了。在前面的几章里，我聊了选婚期、订场地、挑婚庆、找“四大人员”以及布置风格等，这一切都为了迎接这个最重要的时刻——你的婚礼。

作为新娘的你，将会如何度过这么特别的一天？从睁开眼睛，起床刷牙，到穿上婚纱，交换戒指，这一天你究竟都会经历哪些环节和流程，就是这一章会聊的事儿。不知道为什么，这本书写到这里，我竟有点迟疑，因为我不忍心揭开这一天的面纱。这一天如此重要、如此美好，我好想把这一切当作一个惊喜让你自己去发现，可我又害怕你因为没有提前准备和了解，惊喜都变成惊吓和遗憾。既然无法两全其美，那就做基础的准备，然后在婚礼当天去感受，这也许是最好的选择。

CHAPTER 5

1

婚礼的流程环节有哪些

这一章，我来回修改了多次，因为要考虑北上广的你，湖南、湖北、四川的你，东北、西北的你，我陷入了一种不知所措的困境。坐标不同，习俗也不同，就连结婚仪式的时间也不同，有人中午结婚，有人晚上结婚，有的新娘半夜就起床化妆了。别说南北差异了，每家每户结婚的流程也不一样，我究竟要怎么给你呈现一天的婚礼呢？最后我决定，干脆把婚礼这一天，分割成八个时刻，这八个时刻是最受新娘欢迎的时刻，也是人们最感动的时刻，是大伙儿跟我提到的最多的时刻。如果你此时就站在我的旁边说你要结婚了，我想我会毫不犹豫地推荐这八个婚礼时刻！

1. 晨间时刻

幻想一下，你从睡梦中清醒过来，睁开眼睛，今天要结婚了！从这一秒开始，到你的未婚夫过来接亲的时间之前，都是属于你的晨间时刻，在这段时间，你想要干吗呢？

起床、洗漱、敷面膜、吃早餐？如果你是跟伴娘一起住在酒店，那么这会儿也是你和伴娘在一起的姐妹时刻，你可以穿上晨袍或睡裙，请摄影师记录你出嫁的这个早上，拍一组私房照，也可以跟伴娘一起吃个早餐或早午餐之类的。很多新娘也会在这个时候要求摄影师拍摄戒指、婚鞋、邀请卡、婚礼现场布置等静物。伴娘也可以在此刻布置接亲游戏的道具！

2. 接亲时刻

你化好妆，换上出门纱，新郎和伴郎就要过来接亲啦！从新郎抵达你房间的那一刻，一直到你们离开这个房间前往婚礼仪式现场的这一整段时间，称为“接亲时刻”。大家通常喜欢在这个时刻安排堵门游戏、抢红包、藏婚鞋、婚车车队绕圈圈、敬茶改口等环节。

与此同时，我认识的一些新娘朋友，会把这个时刻取消或者缩短，这样的新娘一般都不爱热

摄影：给她拍照－李鹏　新郎：肖帅 & 新娘：乔雅倩　策划：MiaoWedding

闹，更喜欢和家人相处的时刻。

3. 拍摄时刻

前面说过，在西方国家，新郎在婚礼前不能看新娘穿婚纱的样子，所以他们的婚纱照是在婚礼当天拍摄的。但国内的大部分新娘，都已经在婚礼前拍过婚纱照了。拍照时刻一般会安排在接亲之后、正式的婚礼仪式开始之前的这段时间，新人可以跟伴郎伴娘、爸爸妈妈、宠物宝宝一起拍拍照。

现在你可能会更加明白，你在婚礼这一天的时间和精力有限，如果你把婚礼安排太多流程和环节，可能真的有点吃不消，所以开始试着给自己的婚礼断舍离吧！

4. 独处时刻

在抵达婚礼仪式现场，婚礼仪式正式开始之前的这段时间里，你已经换上了正式的主婚纱，准备入场。我的天，我写下这些文字时，心跳竟然不自觉地加速，真替你高兴呀！正式典礼之前也许有 1 个小时，也许更长或更短，我强烈建议你把这段时间变成你们的独处时刻。国内的婚礼场面太喧闹了，尤其是经典婚礼。留一段时间给自己吧，多年后，回想这一刻，你只会觉得回味无穷。答应我，不管你舍掉哪一个时刻，这个时刻都不可以取消!

新娘喜欢在这个时刻安排的环节有 first look、交换信件、交换礼物等。

5. 主仪式时刻

这是我们最期待也最重要的婚礼仪式本身。大家熟悉的环节有彩排、新娘出场、交换誓言或戒指、亲友致辞、抛手捧花等。

6. 婚宴时刻

婚礼仪式结束后，宾客开始用餐，新娘通常会在这个时刻换上礼服，跟新郎一起敬酒、拿红包等。大家熟悉的环节有敬酒（水和葡萄汁）、收红包、玩游戏等。

7. 派对时刻

婚宴结束后，大家一起跳舞、喝酒、放烟火、玩游戏等，第一支舞通常在这个时候开始跳。

8. 其他时刻

除了上面的七个时刻，相信你所在的城市一定还有一些特别的时刻，这里我就不展开聊啦，你们自己添加就好。

八个时刻列举完毕，现在的你应该对婚礼当天更加了解了，接下来，你就可以创建一个属于自己的时刻清单了。

摄影：西里和兔子婚礼摄影　新郎：Even & 新娘：Karen　策划：伊万克伦 EvenKaren

琰琰的婚礼日记：

我跟邱老师办婚礼时，邱老师在婚礼前一天开了好几个电话会议，改了五个 PPT，还接待了他在澳大利亚念书时的所有朋友，一群男人打了一场篮球比赛之后，去唱歌撸串直到深夜，宿醉导致第二天邱老师差点起晚不说，伴郎还叫不醒，这画面简直不敢看。相比之下，我这边的情形简直太美好，在婚礼前一天我和我的主伴娘吃了一顿酒店的米其林大餐，在酒店旁边的五大道散步畅聊，晚上我敷了面膜，早早睡下，第二天整个人神清气爽，还跑去露台顶楼修改了我的婚礼誓言。

言归正传，我的婚礼当天可真是混乱，从接亲时刻开始就状况百出，伴娘把我的婚鞋藏进保险箱里，因为忘记密码，耗费了半小时才找出来。之后的拍摄时刻又严重拖延，导致我的主仪式时刻严重推后，现场一度陷入混乱中，别说什么独处时刻了，就连吃口饭的时间都没有。所以请“脑补”一下我真挚的眼神，正在阅读这本书的朋友们，除非你预算实在不够，否则一定要尽可能地雇用一位专业的婚礼策划师或统筹师，这会大大改善你的婚礼体验！

最后，我想强调一下，我在这里提出“时刻”概念的目的，只是希望你更清楚婚礼这一天的安排从而享受这一天。我不希望你因为没有准备，只是随着所谓的婚礼习俗，空虚地“演”完全场，对婚礼全程无感；我更不希望你知道这些时刻，却因过多的事情塞满这一天，而感到焦虑和忙乱。我发明的这个方法，只是帮助你享受婚礼的工具。这些时刻就像舞蹈中的每一个动作，真正上场时它们会连接起来，在婚礼当天，你需要忘掉这些死板的动作，遵从你自己的心，享受这一天所有的美好。你要出嫁了，这是你的婚礼，你可以做任何你想做的事，没人会笑话你出错，你也不用担心自己遗忘什么，只要你在这一天真切感受到喜悦、幸福和欢乐，就已经是一场完美的婚礼了！

八个不同的婚礼时刻就组成了你婚礼的一天。第二步，我就要聊聊，在这些不同的时刻里，我们究竟要做些什么事，也就是有哪些环节。

我会把我见过的比较流行的环节全部罗列出来，供你参考和选择。但在开始阅读之前你一定要记住，这些环节都只是大部分新娘的选择，不是法律或者政府规定的，甚至没有任何一个环节是必需的。你的婚礼是以你及家人的喜好和幸福感为原则的，并不是以这些环节为原则的，时刻记住这件事，会在日后的备婚路上帮你缓解不少情绪上的不安和焦虑。

你现在可以开始为自己的婚礼时刻，选出喜欢的环节啦！

1 晨间时刻的环节

拍私房照

与伴娘玩游戏，合影，吃早午餐

与自己的父母吃早饭

与祖父母或外祖父母用餐

妈妈给新娘梳头

修改誓言

伴娘设置接亲关卡，藏婚鞋等

布置婚房

摄影师拍摄戒指、婚鞋、誓言卡、婚纱细节等

我不太喜欢“环节”这个词，尤其是在婚礼上。我觉得这个词很容易把人搞得很紧张，人似乎掉入了某种程序，生怕自己错过了某个环节。这个晨间时刻，是你即将离开家里、准备出嫁的时刻，仔细想想，你最想在这一刻做点什么？

我当年的晨间时刻可热闹了，我租了一栋小别墅，早上化好妆，去阁楼重写了誓言，拍了私房照，还跟伴娘一起合影玩了半天。那时的我，满脑子都是一件事，就是我要拍出好看的照片，最后也如愿以偿。但如果换成现在的我，我可能不会在婚礼这一天花时间拍私房照，也不会和闺密一起穿晨袍合影，毕竟都可以换一天再进行！我想在家里而不是在漂亮的民宿酒店或者别墅出嫁，我想吃一口我爸做的爆炒猪肝，还有我妈烙的麻酱饼，哪怕就是我们三个人一起吃顿天津的传统早餐——煎饼果子、锅巴菜也挺好，我想给自己这样一种仪式感，真的从自己父母的家里，正式出嫁！你看，同一个人，在不同的心境下，在不同的时间里，可能真的会选择完全不同的环节

1 摄影：给她拍照 - 李鹏　新郎：Ryan & 新娘：Jamie
策划：独立策划师 Jamie

2 摄影：卢美扬　新郎：挚哥 & 新娘：渟渟　策划：MiaoWedding

和形式来庆祝婚礼。所以你一定注意，这本书不是手把手告诉你应该如何做，只是在给你参考，是为了打开你内心的门，让你获得你自己想要的仪式感。你仔细想想，此刻的你最想见到谁，想做些什么，不要被社交媒体上天花乱坠的美照困住，你办婚礼的目的不是拍出好看的照片，而是感受幸福。

❷ 接亲时刻的环节

堵门游戏

藏鞋，找鞋

婚车车队环绕观光

骑马，抬轿子

敬茶改口等

在这个时刻，大家最期待的环节就是堵门游戏了。网络上有很多相关的游戏推荐，我在这里只给两条建议。第一，参考综艺，尤其是豆瓣评分较高的国外综艺，里面好玩的游戏实在太多了。如果你只是在社交媒体上搜索接亲游戏，八成没什么新鲜点子。第二，让游戏呈现你的特色。这个你可以参考伴郎和新郎的职业、爱好，比如打网络游戏，程序员写个代码之类的。

我自己的接亲时刻还是有点尴尬的，前头说了，婚鞋藏进保险箱又忘了密码，但玩游戏的过程真的很有趣，伴郎伴娘齐心合力，感觉一下子回到了上学的时光。对了，我的接亲时刻并没有安排任何婚车，更没有车队。家人都不太看重这个部分，我们也不喜欢，就干脆省下了这笔预算，直接开自己的车去结婚了。另外，如果现在的我筹备婚礼，我会缩短甚至取消这个时刻，留下更多时间两个人独处。

③ 拍摄时刻的环节

拍摄婚纱照

与伴郎伴娘合影

拍摄新娘写真

拍摄全家福

这个时刻一般会安排在接亲之后、主仪式开始之前，也许是在你接亲的酒店，也许是在婚礼仪式的现场，哪里好看就在哪里拍。当然，如果你婚礼当天的安排比较紧凑，也许并不需要额外安排一个单独的婚礼拍摄时刻，毕竟拍照这件事，是贯穿整场婚礼的，摄影师会随时抓拍。

④ 独处时刻的环节

交换信件

交换私密誓言（只说给对方听的誓言）

first look 环节

唱歌

送惊喜礼物

给爸爸妈妈的 first look 环节

给祖父母的 first look 环节

在很多西方国家，婚礼前看到身穿白纱的新娘被认为是不吉利的，所以他们并不拍婚纱照，大部分新郎都是在婚礼当天才看到新娘穿上婚纱的样子。具体的过程一般是：在婚礼仪式开始之前，新郎会站在约定好的地方，等待换好婚纱的新娘从自己的背后轻拍自己的肩膀。记住，还可以给父母、伴娘或者祖父母一个 first look！

在热闹的婚礼当天，享受一段只有两个人的时间，尤其是在布置好的主仪式现场，那将是非常难忘的回忆。如果不能安排独处环节，找一个安静的走廊或者小屋子都是不错的选择，我为自己没能在婚礼当天实现这个时刻而感到遗憾，所以想强烈推荐给你们，我敢保证，你将会收获人生最难忘的时刻。

摄影：signed　新郎：Cara & 新娘：王涵 Kyle D Potter

5 主仪式时刻的环节

伴郎伴娘、花童、新郎、新郎父母等正式入场

父亲送新娘出场或父母一起送新娘出场

宣读誓言

交换戒指

致辞，证婚

新娘抛捧花和新郎抛西蓝花（接到捧花 / 西蓝花的女生或男生将成为下一个结婚的人）

游戏，抽奖

退场

合影

主仪式是大家最熟悉的时刻，其中的大多数环节你也耳熟能详，我也不用赘述，需要注意的就是彩排环节可以视情况提前一天，或者在婚礼当天提早完成。我在公众号里写过很多有创意的环节，你们可以看看。

❻ 婚宴时刻的环节

来宾致辞

父母致辞

击鼓传花等游戏

播放婚礼视频和婚纱照等

敬酒，转桌，收红包

婚宴时刻的一些环节是可选的，很多婚宴时刻就只是敬酒收红包而已。

❼ 派对时刻的环节

第一支舞

举鞋游戏

跳舞，唱歌，喝酒

在婚礼结束后再举办一场派对是很多新人的选择，新郎新娘跳支舞，爸爸妈妈也可以参与进来。大部分新娘还会在派对上设置一些好玩的游戏，跟堵门接亲游戏一样，如果你想要不一样的游戏，我建议你去综艺节目里找找灵感！

❽ 其他时刻的环节

因为文化差异，每个地区都有一些很特别的婚礼时刻。也有的新娘会因为自己的特殊经历，而设定一些不一样的环节，比如当天在家里吃一顿团圆饭，妈妈还会给新娘梳头，寓意是圆满出

摄影师：OCEAN 海平　新郎：Lu.sir & 新娘：JIN

嫁；还有的新郎会在婚礼当天挑担子迎亲，娘家人煮猪肚、卤菜等九道菜式，只能让新娘吃一口，俗称“半碗饭”。

好啦，为每一个时刻都安排了喜欢的环节之后，你的时刻清单就可以成为一份婚礼流程表啦。我自己当年琢磨婚礼流程时，一心只想越多越好，感觉哪个环节都好玩，哪个游戏都不想落下，毕竟一辈子一次，但你猜怎么着？最后我有点后悔。

婚礼当天的时间比我想象的要过得快，塞满各种环节的婚礼，就像是塞满景点的旅行路线，根本没有乐趣不说，还搞得自己疲惫不堪。过了好久我才明白过来，这些婚礼时刻被人发明出来的意义是让人们感受幸福，而不是让人们像陀螺一样，挨个完成任务。

现在，就和你的婚礼策划师一起，把婚礼流程勾画出来吧。一般来说，你需要制作两份流程表，一份是全天的流程表，另一份是主仪式时刻的流程表。

下面我就回顾我自己的婚礼，你可以幻想自己就站在我的身边，仔细观察我的一举一动，看一下婚礼当天到底都有哪些事情要做。

在流程开始之前，我跟邱老师的婚礼形式是小型婚礼加答谢宴婚礼，小型婚礼在一个音乐厅里举办，答谢宴则在它旁边的酒店里举办！

从早上8点到晚上9点，这一天超级忙碌。坦白讲，我非常不希望你们学我。环节越多越好是很多新娘的认识误区，事实上，把过多的环节塞进自己的婚礼，只会让你无法享受当下，所以你一定不要贪！

琰琰婚礼的主仪式流程：

请来宾就座，手机调为静音，可以先播放开场视频，比如婚纱照录像等

1. 主持人宣布婚礼开始
2. 伴郎伴娘入场
3. 新郎的爸爸妈妈入场
4. 新郎入场欢迎来宾
5. 新娘入场（与父亲一起，或其他方式）
6. 宣读誓言
7. 交换戒指并拥抱
8. 新郎新娘对父母致辞
9. 父母上台致辞
10. 重要来宾上台致辞
11. 主伴郎、主伴娘致辞
12. 新郎新娘对来宾致辞
13. 新娘抛捧花
14. 新郎抛西蓝花、袜带等
15. 特殊环节（游戏，抽奖等）
16. 婚礼结束，新郎新娘退场

CHAPTER 5

2

聊聊“婚礼誓言”，说说“爸妈致辞”

写这一部分时，我不停回想我自己的婚礼，从办完婚礼的 28 岁到如今，我花了很多年教别人筹备婚礼，但每每想到我自己的婚礼，我首先记起的就是婚礼誓言。我在婚礼仪式上对邱老师说过的每一句话，都深深地印在我脑海里，那一字一句，我现在依然毫不费力就能脱口而出。我忍不住想叮嘱你，你此时此刻阅读的这一节内容，在我看来是有关婚礼最重要的环节，宣誓和致辞胜过婚纱、婚戒甚至婚礼的其他一切。

我自己本身很看重婚礼的宣誓和致辞部分，所以我用这一整节跟你们分享。其实除了誓言，婚礼上还有下面这五种致辞也是需要准备的。

1. 新郎新娘对双方父母致辞

2. 双方父母上台致辞

3. 主伴郎、主伴娘致辞

4. 重要来宾致辞

5. 新郎新娘对来宾致辞

关于发言，你需要做的就只有三件事。

第一，准备自己的发言稿。

第二，挑选婚礼上的致辞来宾。

第三，引导这些来宾准备致辞。

如果你不想爸妈只说吃好喝好、伴娘爆料前男友糗事之类的事情发生，那么以上三步你缺一不可，而且你一定要提前通知需要致辞的伴郎伴娘或者其他来宾，以免当天通知，他们来不及准备！

· 婚礼誓言

除了“我愿意”，还要说什么？

提到誓言，还有很多读者会觉得，不就是“无论疾病还是健康，无论贫穷还是富有，都要

‘我愿意’”吗？这确实是一段非常庄严的婚礼誓词，但并不是每一场婚礼都会用到，我跟邱老师的婚礼就没有说这段正式的婚礼誓词，而是直接交换了提前准备好的一段话。我参加的某一场婚礼上，新郎新娘先是非常庄严地宣读了这个比较正式的誓言，然后交换戒指，最后两个人还准备了一段特殊的誓言说给彼此，这是他们精心准备的部分。这样的宣誓模式也不错，给你们参考！

坦白说，誓词这东西，真没有什么标准模板或格式让你参照，我咨询了好几位主持人，他们都不太建议在这个环节给新人太多的约束和限制。但人们的情感是共通的，打动人的地方也是共通的。我帮你们找了很多特别（至少感动了我）的“模范誓言”给你们参考，看得我都有点泪崩了。爱情真是这世界上少有的还算公平的事情。真高兴，我们都遇到了爱情！

琰琰和邱老师的结婚誓词

琰琰：今天是 2014 年 6 月 7 号，是我们认识的第 15 个年头。第一次见到你的时候，发现你的身高只有 169.5 厘米，头发中分，喜欢穿蓝色衣服。我听到你说的第一句话，是你对正在安排座位的班主任说“我要坐在那里”，用手指着我旁边的座位。虽然班主任没满足你的要求，但我身边的这个空位却被你牢牢地占据了 15 年。感谢你，邱小天，让平凡的我经历了一次不平凡的“一见钟情”，更让我实现了嫁给初恋的奇迹。

邱老师：12 岁那年，我在操场上看见那个女孩——白白的，眯眯眼，不爱说话。15 年后的今天，还是那个女孩，站在这里，白白的，眯眯眼，为我变成了小话痨。我感到很幸福——我能这么早地遇到你，了解你，爱上你。琰琰，我爱你。

那多和赵小姐的结婚誓词

那多：你今天真好看。我会记得这个时候。

我的记性一直很差，能让我一直记住的只有画面。你知道我对你的第一印象是什么吗？腿好长。我看女人是从脸开始的，但那天你的脸太耀眼，我就往下看了，噢，再往下看。

早上 8 点到你家楼下，等你下来，送你去上班。我盯着地上的水泥格子，阳光一会儿亮一会儿暗，我很发愁你下来后我该怎么解释自己何以出现在这里，并且怎么把你“骗”上车，一直到你出现我都没有想出理由，只好说我开车迷路了，不知怎么就到这里了。然后你就上了我的车。你知道吗？你叽叽喳喳的很吵；但很奇怪，在我的记忆里，我们的交往就是一幅幅安静祥和的画面。

我想，今后当我回想此时，可能会看到婚姻的序幕拉开，你从远远的那一头慢慢走来，来到我的面前。世界仿佛没有声音。我希望，我们能一起走到落幕的那一天。那时，世界上只有我们两个人。

赵小姐：亲爱的那多老师，今天，我的家人、朋友、同学……生命中所有重要的人几乎都在这里；也许最爱我的外婆也在某片云彩上注视着我们，他们的见证让我们的关系正式成为一段“跑得了和尚跑不了庙的爱情”。

我以为这会让我很紧张，但是此时此刻，我居然觉得无比心安。因为有了你，我对以前害怕的事不再恐惧，不再怕看恐怖片，不再怕孤单，不再怕变老，不再怕走向未知的明天……我计划活到 140 岁，接下来的 100 多年能跟你手拉着手度过，想想都挺高兴。

跟我熟悉的人都知道我只敢在微博上秀恩爱，当面不好意思说太多肉麻的话。所以今天，我为你和所有的来宾准备了一份礼物：今天祝酒用的酒杯是一个冰雕，冰在外面，酒在里面。我想让你们记得，也许生命里那些不重要的东西会随着时间消融，但是那些炽热的、美好的、与爱有关的记忆，会在心里沉淀，直到 140 岁。

于先生和熊猫姐姐的结婚誓词

于先生：亲爱的王瑜，在今天这个重要的日子，我想对你说：刚才的舞跳得真不错！要知道两个人想跳好一支舞并不是件容易的事情。这需要彼此包容对方的错误与笨拙；这也需要彼此相信对方可以为自己变得更好；而最重要的是需要有共同的目标和实现它的勇气，双方愿意一起付出，共同承担。而我相信，这支舞蹈也是我们美好婚姻的起点。大家也都知道，熊猫姐姐平时的性格特别文静，我就更文静了。实际上我们都是表面文静、内心狂热的人，表里不如一。

熊猫姐姐：其实很谢谢你，在我第一次咬着你的秋裤的时候，你没有一巴掌把我推开；也谢谢你为了我对婚礼小小的憧憬，在你的手受伤非常严重的时候，还是给婚礼设计标志和请柬，还有每天和我练舞到夜里 2 点，谢谢你为我做的这些。

我对我们两个的憧憬其实就像这个领结一样，这是我花了两天的时间，一针一线给你做出来的，它的正面有一个 m，背面有一个 y。不管以后我们是高兴还是悲伤，我都和你在一起。

我不求天荒，也不求地老，我只希望当我们两鬓斑白的时候还能有相同的衣着品位，出门之前看到我们的衣着还能搭配，然后手牵着手一起去想去的地方。我们去环游世界，好不好？

琰琰的婚礼誓言小提示

1. 各自准备誓言，不可以提前让对方知道。

2. 可以准备一张誓言卡片或一个本子，把誓言写下来，读出来也可以，不强求背诵，我跟邱老师就是提前写好并念出来的，很自然。

3. 可以在婚礼当天的早上再修改一次。

4. 可以为对方准备一个小惊喜、小礼物。

5. 爱哭鬼记得多读多念，自己对着镜子多哭几次。我曾在婚礼现场听过泣不成声的婚礼誓言，新人哽咽得快晕过去了。还是提前自己练一练！

6. 如果想要接地气，那么就多注重细节，少用形容词，多叙述事实，尽量口语化，别端着，慎用书面语（比如，第一次见你，蓝色牛仔裤，白色衬衣，马尾辫，笑着看我的时候，好像眼睛在说话，我心动了一下，16 岁）。

7. 在末尾加一个金句作为总结，能增加誓言的力度和仪式感，如果实在不知道说什么，就加一句“我爱你”。

除了誓言，婚礼上的其他致辞同样会令人印象深刻，比如父母致辞、伴郎伴娘致辞等，我办婚礼时还特别加了学生致辞（我当时的本职工作是教师），现场热闹得不得了。作为新娘，应在婚礼前一个月跟这些致辞人沟通，让他们做好充足的准备。你可以自己在 B 站（哔哩哔哩弹幕网）等平台搜索相关的视频。

CHAPTER 5

3

还有六件事，千万不能忘

安排好了婚礼全天的流程，婚礼仪式各环节也筹备到位，接下来是不是就坐等婚礼的到来啦？等等，还有六件事情是需要你确认的。

要做什么游戏，要去哪里拍照，要在哪里安排 first look，要如何绕过新郎偷偷把新娘带去，要准备哪些道具，要如何安排机位（摄影师），如何把控每个时刻，其中的所有细节你记得安排清楚。

1. 婚礼座位的安排

婚礼座位是否安排到位，直接影响婚礼现场的秩序，你统筹得越细致，当天的场面就越顺心。你可别把这件事想得太简单，有新娘问我："琰琰，我把名字都印在卡片上，并摆放在相应的座位上，怎么可能出错？"你太天真了，现实就是一半的宾客都不会去看座位卡，另一半的宾客把座位卡扔到了一边，尤其是长辈缺少参加这类宴会的经验，并不会注意到这些细节，他们会随意丢弃这些座位牌，搞得婚礼入座场面陷入混乱。安排座位的重点在于一个人，那就是领位员，有点像督导。我强烈建议新娘找自己的兄弟姐妹担任这个角色，他认识你的朋友、家人，你把桌号对应的座位表交给他，出问题可以找你的策划师解决，如果没请策划师那就找你的大管家，也就是那个陪你一起备婚的亲信。

2. 婚礼上要播放的视频

通常婚礼上如果租赁了投影仪、LED 屏幕等设备，都会播放一些跟新郎新娘有关的婚礼视频或者照片 PPT，下面是常备的几种视频。

宾客入场等待时播放的婚纱照 PPT 或婚纱照录像等

求婚视频

新郎新娘俩人儿时的照片，父母年轻时的照片 PPT

沙画、动画等特殊视频

送给父母的感恩视频

朋友提前录制的惊喜视频

这些视频都可以提前做准备，否则可能会来不及。我跟邱老师备婚时，就完全忽略了这件事，结果婚礼前三天，跑到各自家里翻箱倒柜，翻出几十本旧相册，然后一张张筛选，翻拍，再导入电脑做成 PPT 或视频，差点累断气。记得把准备好的视频，交给策划师、主持人等负责现场工作的人员，并叮嘱他们提前试播，另外建议你上传一份到百度网盘，以免现场文件损坏。

3. 婚礼音乐

如果让我再举办一次婚礼，我可能会在现场的音乐上好好下功夫，这看起来是小事，但几乎影响了所有宾客对婚礼的体验和印象。音乐是能改变人的伟大发明，婚礼如果不好好利用它，你绝对会后悔的，我也经常在公众号上分享最近喜欢的、有趣的新歌。除了好听的音乐，有趣的音乐效果也不错。新娘都会担心婚礼过程中宾客的手机不停响，我就有一招可以应对这件事，那就是截取一段电话铃声，在开场播放以引起大家注意，铃声结束后，播放小朋友告知大家手机调静音或关机的话语。婚礼上的音乐，你可以跟自己的策划师还有主持人一起商量，然后将最终的选择告知主持团队和音响师，从而保证播放顺利。

4. 婚礼道具的保管

婚礼上会用到很多道具，大到婚戒，小到婚房布置的贴纸。总之，你身边一定要有专门负责这些道具的专员，这位专员可以是专业的婚礼秘书、策划督导人员，也可以是你的亲信、伴娘、朋友，对于这些物品放在哪里、在哪个环节使用、具体如何安排，这位专员必须十分了解。比如你的敬酒礼服，在接亲后要收拾好并放到婚宴场地的化妆处，这件事虽然化妆师也会提醒你，但提前找到对应的负责人会让你安心不少。确保这两位专员了解婚礼的一切流程，这至关重要，看到这里，你似乎也明白了我在一开始一直强调的婚礼策划人员的重要性。其实一场婚礼是否能够顺利举行，布置真的只是一小部分，策划或统筹才是重中之重。如果你实在没有预算，或苦于当地没有专业的策划师，那么在身边找一位办过婚礼、日常生活能力强、细致稳重的亲信作为大管家，也是不错的选择。

5. 婚礼宾客的交通住宿安排

重要来宾是否需要专人专车接送，外地来宾是否需要安排住宿和专人接待等，这些都是容易忽略的细节。我跟邱老师结婚时，订了独栋别墅爬梯房，一共十几个房间，可以一次住下几十个人，我们在这个房子里放了啤酒、饮料、零食、游戏卡牌，现在回想都觉得像个大乐园，而为一些比较喜欢安静的宾客则预订了酒店房间。

6. 彩排并确认各项婚礼事宜的相关负责人

婚礼前进行简单的彩排，了解婚礼场地、流程、环节等，但切勿过度彩排。

除此之外，婚礼当天的所有事情都要找到对应的负责人，千万不要想当然地觉得新郎新娘自己可以负责，你们当天的任务就是结婚，不是统筹。

务必提前把你的策划师、督导、四大人员、伴郎伴娘，以及所有跟婚礼顺利举办息息相关的人员，聚到一起开个会，实在不能到场，就通过线上视频沟通。总之，大家一定要做到彼此熟悉、了解，并掌握婚礼的全部事宜。你一定要让总负责人，也就是你的策划师，了解所有人的职责，比如谁负责领位，谁负责现场布置细节的确认，谁负责重要来宾的接送，谁负责新娘的服饰等。婚礼当天的特殊环节也要让主持人、摄影师视频团队了解，方便他们介绍和拍摄等。办婚礼，是需要所有团队的合作才能顺利完成的，记住，要让大家达成一个共识，就是出问题千万别找新娘。

琰琰婚礼日记：

我的一位高中好友的婚礼就是纯粹自己动手操办的，她没有找策划师、婚庆公司等，而是直接找了婚庆公司的供应商，比如花艺师、甜品师、音响灯光师和LED屏幕供应商等。我从北京赶去参加婚礼，结果现场临时充当了策划师，具体的故事是下面这样的。

我赶到现场的时候，新娘的情绪有点崩溃，因为突然下雨，音响、屏幕的供应商拒绝在室外搭建，并要求搬到室内，而花艺的设计是按照室外草坪做的方案，根本不可能搬到室内大厅，眼看着婚礼即将开始，两边僵持不下。

我尽量假装平静地问新娘，设备不防水是否可以取消安置屏幕，新娘一脸委屈，因为交定金时，商家答应提供防水设置。而我沟通后才发现，双方对防水的理解有偏差，商家的意思是在搭建过程中不出现大雨的情况下，安装连接完毕后，只有整体屏幕可以抵抗雨水，而现实是搭建过程中就遇到了大雨。就在此时，甜品突然被送来，因为司机急着要送下一家，把甜品卸在酒店门口的走廊上就离开了。没人负责甜品的布置，我们一着急，命令邱老师和另一位男同学上手搬，并拽着花艺师一起出主意布置，总之那天几乎所有同学齐上阵了。

我本着尽量不打扰新娘的原则开始在中间调节，但我发现这几乎是不能完成的任务，因为前期对接的人不是我，现场的供应商基本无法沟通，我不知道前期答应的条件，也不知道他们具体的状况。那场婚礼最后总算有惊无险，但我的新娘朋友足足哭了三次。在天津这个城市，很少有人愿意为服务本身买单，但那场婚礼上所有未婚的伴娘都告诉我："琰琰，我的婚礼一定会花钱请统筹的，真的太累了，就算花几万元也值了！"

CHAPTER

6

有关备婚中的买买买

终于要聊到买买买啦，写到这一章我真是既兴奋又纠结，兴奋在于终于要聊到买婚纱了，这可是你们最期待的部分；纠结在于我到底要怎么教你们买买买。如果直接抛出购买链接，恐怕等这本书出版时，链接中的婚纱早就过时了，毕竟婚纱也有流行趋势，去年还流行的手工蕾丝，今年就火速被真丝缎面取代，去年人们着迷的是勃艮第红，今年就被泡菜辣椒绿吸引了。基于以上考虑，我打算按照我一贯的干货风格，叮嘱你有关婚礼买买买的秘籍和注意事项。我相信，比起直接丢给你购买链接，这些攻略更能让你知道如何做出正确的购买决策。

CHAPTER 6

1

办婚礼都要买点啥

摄影：怀念树

在聊买买买的最初阶段，我想先列出婚礼可能需要购买的单品，比如婚纱、婚鞋、婚戒、喜糖、喜字、红包……让你对婚礼买买买一目了然。

服装类	婚纱主纱	出门纱
	头纱	中式嫁衣（秀禾服、龙凤褂）
	礼服（敬酒服、迎宾服）	第一支舞的裙子
	婚礼后探访亲友的连衣裙	伴娘服
	祖父母、外祖父母的服装	妈妈服装，婆婆服装
	花童裙（还有狗、猫的服饰）	内衣（无痕衣、塑身衣、胸贴等）
	睡衣	晨袍
	新郎西装	新郎衬衫
	伴郎西装（可以让伴郎自行准备黑色西装）	爸爸、公公等重要长辈的西装或其他服装
	登记照服装	婚纱照服装（旅拍轻婚纱等）
配饰类	钻戒	对戒
	戒枕、戒指盒等	手表
	项链、手链、耳环、头饰、薄纱蕾丝手套等新娘配饰	袜带
	婚纱衣架	提臀垫
	婚鞋、伴娘鞋	新郎皮鞋
	新娘拖鞋（新娘化妆时穿）	婚包
	皮带、袖口、口袋巾、领带、领带夹、领结、袜子等新郎配饰	男生增高鞋垫
	来宾配饰（胸花、手腕花等）	新娘手捧花
婚礼用品类	伴郎礼盒	伴娘礼盒
	伴手礼	礼品盒
	备婚手账	请柬、感谢卡等纸品
	誓言卡	签到本、笔
	红包（利是封）	干果（红枣、花生等）
	酒、饮料、香烟	烟火、鞭炮
	床品	喜字贴纸、蜡烛
	婚房装饰（气球、氮气设备、充气筒等）	拍照道具
	堵门游戏道具、游戏卡（退场道具）	高脚杯
	敬茶杯、杯垫	跪垫
其他	新娘急救包	急救面膜

摄影：怀念树

这就是我能想到的所有单品啦。说句实在话，这里面的很多东西你不一定需要，你要做的功课是给这张清单做减法，而不是照单全收，这个想要，那个也想要。但我为什么还要给你列出来呢？是为了让你一上来就清楚地了解到，“原来我有这么多东西要准备？!”

只有在一开始就了解整体的需求，你才能更好地分配自己的预算。你此刻要做的，就是根据自己的需求，删减上面这份清单，并试着把“婚”字去掉，看看你是不是真的需要，比如婚包其实就是个红色的包包，婚礼拖鞋大部分时候也只是一双白色的拖鞋。你是否有精力和预算购买这么多东西，只有你自己最清楚，快去做一份属于你自己的婚礼购买清单吧！

CHAPTER 6

2

婚纱是买还是租，婚纱究竟怎么挑

1. 选婚纱的纠结和难题

聊到婚礼用品，婚纱绝对是最值得你期待的单品，毕竟它很可能是你这辈子穿过的最贵的连衣裙。因为工作的关系，我大概是全中国穿婚纱次数最多的女生之一了，你在这几页里看到的照片，都是我自己。我去过上百家婚纱店，试穿过上千件婚纱，说到选婚纱，没人比我更知道新娘的纠结和痛苦了，毕竟我总是活在这种感受里。

纠结一：婚纱是买还是租？

这是一个万年的纠结难题。租赁的优势很多，比如不占地方，花更少的钱就可以穿到更贵的婚纱，环保，循环利用；而劣势也很明显，别人穿过不说，通常也很难做到100%合身，遇到火爆的婚期，除非提前抢，否则能选的款式非常有限。

购买的好处就是全新、合身，预算够多的新娘还可以选择定制，那就更凸显身材和气质了，也不用担心婚期火爆，得不到自己喜欢的款式；但缺点也同样明显，比如无法享受花小钱穿大牌的好处，日后放在家里容易落灰，收纳也是个问题。

1 | 2 | 3

1 摄影：梁小铁
2/3 摄影：怀念树

纠结二：哪件够好看，到底选哪件？

除了是租还是买，到底选哪一件白纱，也是最让人头疼的。但这个难题通常只发

生在有点试纱经验的新娘身上。我的经验是，但凡试穿超过十件婚纱，很多新娘就产生一种奇妙的怨愤，比如为什么只能结一次婚？为什么只能选一件婚纱？总之就是陷入那种“到底要选哪一件，我完全蒙了”的状态里。

纠结三：婚纱到底值多少钱？

通常来说，这种纠结仅限于中等预算的姑娘，因为预算低的新娘会直接网购几百元的单品，而预算高的新娘根本不会考虑钱。只有预算中等的新娘是最痛苦的，因为很可能便宜的看不上，觉得质感差，贵的又买不起，还担心被坑、品牌溢价过高，并花很多时间在挑婚纱上。别问我为何如此理解你，因为我就是这一种。

如果你有以上三种纠结或其他纠结，那么你很可能陷入了一种完全错误的思维逻辑。不管纠结的是租赁、购买，还是哪件足够美或预算，或是其他问题，你的消费决策错误都在于你只围绕着婚纱这件物品思考，而忘了考虑你自己的需求，这样错误的思维方式会导致你根本做不出正确的购买决定。

作为过来人，我的经验是，不管购买什么东西，都要结合由外而内和由内而外这两种思维方式做决策，不能只盯着物品本身，而忘了自己的预算和需求，我们要考虑的是婚纱能否让自己变美，而不是婚纱划不划算。除此以外，有的新娘还会套用公式来购买婚纱，比如感觉自己个子矮就不穿鱼尾裙，腿太胖就一定要穿蓬蓬裙等，把自己局限在一个框架里。

2. 选婚纱真的有公式吗？

很多人都以为，先列出婚纱的基本款式，比如鱼尾、修身、A 字形、蓬蓬裙等，再确定一下自己的身形，比如梨形、沙漏形、倒三角形等，最后再结合这两者之间的关系，就能选出适合自己的婚纱。这听起来很美好，对吗？但从我多年跟设计师、礼服师还有新娘打交道的经验来看，这几乎没用。

如果你现在到市面上的婚纱店里去转转，就会非常惊讶：“婚纱已经这么时髦、好看了吗？”是的，现在的婚纱早就不是过去的蓬蓬纱、鱼尾纱、A 字纱了，而是经过特别设计的单品。有的是抹胸带一点荡袖、下摆有点 A 字形而长度刚好到脚踝的复古修身缎面小礼裙；有的则是小立领，有点像中式旗袍，但一转身露出整个背部线条的蕾丝鱼尾纱。总之，在我看来，每一条婚纱都不同，很难用一种版型去概括。与之对应的身形，就更复杂了，从颈部、锁骨、脖子、肩、胸部、腰部、腿的形状，再到整个人是圆身、扁身，气质偏冷还是偏暖，或介于两者之间。比如同样是梨形身材，可能是鸭梨，也可能是凤梨；同样是矮个子，但可能以有的人的身材比例驾驭鱼尾裙一点问题都没有，真的没法儿界定。一般新娘根本没有能力掌握多种婚纱的版型，也无法足够了解自己的身材和气质特点，并基于此进行匹配。

3. 婚纱究竟怎么挑？

说了这么多，那么正确的选纱思路是什么呢？那就是先审视自己，比如我试穿婚纱前，都会带着下面这份“选纱思路清单”。

1 | 2

1 摄影：三段锦
2 摄影：怀念树

选纱思路清单

我的婚礼规模:

150 人

我最喜欢的服装风格:

剪裁利落，有设计感

我的婚礼场地:

室内白色音乐厅

我老公的身材:

176 厘米，65 千克

我的婚礼风格:

简约、复古

我的月薪:

1 万元

我的身材特点:

162 厘米，臀部大，臀围宽，扁身，平胸

家人资助金额:

1 万 ~2 万元（但不想花爸妈的钱）

我的气质:

冷暖之间，偏简约

我打算花多少钱来选婚纱:

1~2 个月工资，特别喜欢的话，3~4 个月工资也能接受，但我也希望便宜点，毕竟还有很多别的物品要花钱。

列出这份清单之后，我就开始在自己的预算内寻找合适的婚纱店铺，但有一点我要提醒你，如果婚纱的预算里也包含了敬酒礼服、出门纱和婚鞋等，记得减去这些项目，得出最终的婚纱预算，然后寻找合适的婚纱店并进行预约。微信预约时，把清单也一并发过去，专业的礼服师会根据这些信息，再结合你本人的气质和感觉，给予建议。好的礼服师跟销售的区别就是，前者会以你这个人为前提帮你挑婚纱，后者则引导你拿出更高的预算。我的公众号上就有上百家我探过的婚纱店。

大部分新娘都会在前两次试穿时，找到适合自己的一两种款式。就拿我自己举例子，在试穿了五条婚纱之后，我就找到了适合自己的婚纱款

摄影：ivre 以禾摄影工作室

式。它是修身并能露出锁骨的款式，我的婚礼场地不是城堡，所以并不适合大拖尾的隆重款式，简约修身有一点点拖尾，领口有一些特殊的设计就可以了。对我来说，锁定目标款的过程非常简单，这跟我在试穿之前非常了解自己的需求是分不开的。

试穿婚纱实在是一种奇妙的体验，说真的，你根本不需要掌握太多技巧和攻略。披上白纱，站在镜子前仔细感受，如果遇到对的它，你几乎不会犹豫。我见过新娘试纱时瞬间哭红了眼，也见过试衣间外的父亲掩面而泣。婚纱不是一条简单的白裙，它是你的嫁衣，甚至是一种陪伴，你不要只想婚纱到底美不美，更需要看看穿上婚纱的自己究竟有多美。

1 | 2 | 3

1、2、3 摄影：怀念树

1 | 2

1 摄影：ivre 以禾摄影工作室

2 摄影：李之远

琰琰的婚纱挑选小提示

1. 记得考虑老公的身材，如果他过于高大，而你穿得非常纤细，俩人站一起可能有点不搭。

2. 试纱时可以带上婚鞋，方便看高度，也可以根据婚纱买婚鞋。

3. 为防止走光的尴尬，戴胸贴并穿上裸色无痕内裤去试纱吧。

4. 试纱要化淡妆，不要素颜朝天。

5. 一定要拍照，方便回去对比，还可以咨询策划师的建议。

CHAPTER 6

3

婚鞋，请柬，伴手礼，急救包

1. 婚鞋

婚鞋这个话题我本来不想写，因为本质上它其实跟婚礼没有任何关系，就是一双鞋！对于鞋子狂热者来说，婚礼只是一个疯狂购买的理由，让你给自己的鞋柜再添一双价值不菲的鞋子；而对于那些从来不穿高跟鞋的女生来说，只要穿着舒服，把厚底拖鞋当婚鞋都没问题；而实用派的新娘从来只有一个需求：婚鞋最好平时上班、约会都能穿！我的公众号上有很多关于婚鞋的文章，你可以看看。

不管你属于哪种类型的新娘，我都要给你几个关于婚鞋的建议。

第一，买婚鞋最容易犯的错就是只看鞋子本身好不好看，不考虑它与婚纱、婚礼风格的搭配。婚鞋通常都被设计成亮闪闪或者镶钻的款式，为的就是能一下子吸引新娘。但其实你仔细想想，婚鞋的本质就是一双搭配婚纱的鞋，它的高度、舒适度、款式要配合你的婚纱、婚礼风格和气质特点。如果你不喜欢亮闪闪或者红色的，那你就没必要买这样的。如果你选了草坪婚礼，那么粗跟才是王道。

第二，婚鞋很难露出来，婚鞋也容易露出来！前半句“婚鞋很难露出来”，我想送给那种很期待自己的婚鞋大放异彩的新娘，它露出的机会可能很低，你想象一下自己婚纱的长度就知道了。后半句“婚鞋也容易露出来”则是送给那些打算随便买一双高跟拖鞋的女生，即使婚纱很长，婚鞋依然会在你走路、坐下时露出，也不能大意。

第三，婚鞋最多买三双，第一双是为了搭配中式礼服，第二双是为了搭配婚纱，第三双一般都是以舒服为主的，为了搭配敬酒礼服；有的新娘还会准备一双小白鞋和一双拖鞋。但我觉得，专门为婚礼置办的鞋子，一双也就足够了。

2. 请柬

婚礼请柬一般就两种：纸质版和电子版。市面上有很多纸品供应商，有专门设计、印刷婚礼请柬的工作室，设计师帮你设计请柬、地图、感谢卡，还会帮你选择不同克数和类型的纸张，甚至帮你把整场婚礼的视觉体系做出来，部分策划师也会提供这种服务。总之，对纸品有特殊情结的新娘，或者对婚礼整体呈现有高要求且有预算的新娘，可以考虑雇用这一类设计师，大家可以去社交媒体上找找这类工作室，我在公众号上也推荐过很多。不想在纸品上花太多钱的新娘，可以直接去电商平台搜索婚礼请柬，上面有很多成套的请柬供你挑选。

不管你是否准备了纸质版请柬，在微信上群发电子版请柬是必不可少的，你可以搜索码卡、易企秀这类网站，上面有很多婚礼电子请柬的模板。比起手机，我更习惯用电脑制作电子请柬，操作起来方便很多。除了这种形式，你还可以跟老公一起做个公众号或者视频、动画、游戏等，把它当作电子请柬。有关婚礼请柬的文章，你可以到我的公众号查看。

摄影：黑妹与猫
策划：怪兽花花

3. 伴手礼

所谓伴手礼，是新人让宾客可以随手拿回家的礼物。我办婚礼那会儿，送喜糖还是大部分新娘的选择，但现在办婚礼，除了送喜糖，还会准备喜饼、礼盒、蜡烛、绿植等各种各样的小礼物，看得我直羡慕。

关于伴手礼，你要先了解把哪几种类型的伴手礼分别送给哪几类宾客。

就拿我举例子吧，我准备了 300 份喜糖送给来到现场的所有宾客以及没到场的普通同事和朋友，一份不过几十元，大家都沾沾喜气。对于特别亲近的同学和朋友，我额外准备了 50 个礼物盒，里面装了润唇膏、蜂蜜、香氛蜡烛之类的小单品，价格更高一些。还为 6 位伴郎伴娘选了更为贵重的几百元的礼物私下送给他们，现在的流行说法叫伴郎伴娘礼盒。另外，我准备了 30 份喜饼礼盒寄给外地的朋友。

总结一下，新娘可能需要为之单独准备伴手礼的人群有：父母的朋友（长辈宾客），自己的朋友（年轻宾客），给了红包但没参加婚礼的朋友，小孩子（可以准备玩具或者红包），狗猫宠物（可以准备宠物零食），伴郎伴娘。

你可以根据自己的需求和预算，分别给不同类型的宾客准备礼物，我觉得这个过程像是感恩的环节，其实就是你趁着自己办婚礼的这个机会，对生命里的这些人表达爱。我自己给朋友准备的一份最满意的伴手礼，是在婚礼结束之后把在婚礼上抓拍的客人的照片，打印出来，装进相框送给他们。我特别享受这个准备礼物的过程，那种幸福感是能产生心流的。

摄影 & 策划：MiaoWedding

琰琰的伴手礼小提示

1. 可以用你的伴手礼来布置你的签到台，这相当于一个礼物桌，既好看又实用。

2. 婚礼策划师也可以帮助你准备伴手礼。

3. 要想多找找灵感，你可以去 Instagram 搜索关键字：婚礼伴手礼。

4. 伴手礼的加分项绝对是包装，比如有质感的纸盒，玻璃罐，Instagram 风格的食品袋，牛皮纸袋，铁盒，麻布袋。

5. 实在不知道送啥，就送张彩票吧，一人一张，万一中了呢！

6. 在批量购买之前，一定要先少买几个看看样品。

7. 伴手礼的风格要跟婚礼整体风格搭配，比如复古婚礼适合小铁盒喜糖，而中式婚礼最好别用 Instagram 风格的包装等。

8. 印标志是最省钱的妙招，去网店定制印章，或者把贴纸直接贴在礼盒上就有种高级定制的专属感。

4. 新娘急救包

婚礼当天可能会有一些意外发生，比如婚纱破了，脚磨破了，生理期突然到来等，为了应对这些万一，我建议你们准备一个急救包。值得注意的是，这个急救包准备好之后，你不要放到你自己的包里，而是记得交给婚礼当天一直陪着你的伴娘，或者大管家、新娘秘书之类的人。咱们先来看看这个急救包里要放哪些东西。

❶ 针线盒及别针。

万一你婚礼前瘦了，婚纱不那么合身了，那么针线盒可以让你的造型师迅速帮你把婚纱调整到最佳状态。另外，如果不小心高跟鞋、首饰什么的划破了婚纱，别针就会派上用场，记得要买大号别针。

❷ 隐形眼镜和眼药水（人工泪液最佳）。

我非常推荐大家购买独立包装的人工泪液，非常温和，可以直接作为紧急护理液使用！另外，千万别尝试没用过的隐形眼镜品牌。

❸ 口气清新喷雾。

❹ 卫生棉。

关于女性奇妙的生理问题，谁也不能拍着胸脯保证一定是固定周期，情绪紧张引发的生理期提前或者推后也是常事儿。我在美国上学的时候就习惯了导管式内置卫生巾，一直用到现在。我很推荐，但如果你没用过，就别在婚礼上尝试了。

❺ 去污笔。

❻ 备用戒指。

你们一定猜不到有多少伴郎伴娘丢过戒指！这时候你的备用戒指就该出场了。

❼ 吸管。

❽ 能量棒或者糖果、巧克力等。

婚礼当天，新娘一定没有正常的用餐时间，趁着上妆的时间补充能量，防止低血糖。记得也要为新郎准备，他忙前忙后，接亲迎宾，一点儿也不比新娘轻松！

❾ 平时服用的药物。

常备药一定不能忘，有些新娘如果平时就有心脏不适或者哮喘，仪式前的紧张感有可能会使你更容易觉得不舒服。

❿ 创可贴。

除了大家都容易预料到的鞋子磨脚这种问题，偶尔还会发生为新郎别胸花时扎到手指头或者直接扎伤新郎的情况，当然手捧花砸到伴娘的情况也可能发生。

⓫ 指甲刀及小剪刀。

⓬ 透明指甲油。

两个用处：丝袜钩破且没有备用袜的情况下补救；提前做的美甲不小心蹭花了，可以涂一些指甲油在蹭花的位置，干之前用纸巾擦掉，如果是水钻掉下来，也可以用它做临时黏合剂。

⑬ 一双拖鞋或芭蕾舞鞋。

尤其是那些非常不习惯穿高跟鞋的姑娘，准备一双人字拖鞋，或者漂亮的平底鞋也不错！

⑭ 彩妆类。

通常情况下造型师身上一定会有这些东西，但如果你没有请全天陪伴的化妆师，那么你就可以在小包里放上几件，比如棉签、小管遮瑕膏、带镜子的粉饼、发卡等。

夏季额外准备：防暑降温药；防蚊液，尤其是在草坪、水边举办仪式的，不仅自己要带防蚊液，还要在签到台准备一些给宾客；止汗剂，我很推荐 odaban（优得芬）止汗喷雾。如果你有狐臭或者出汗多的困扰，这个喷雾喷上一次，可以一整周都不出汗。但为了健康，我不推荐你日常使用，婚礼上喷一次还是可以的。邱老师特别喜欢这个单品，我们每次出去旅行拍摄都会用到。

冬季额外准备：暖宝宝，大披肩，保温杯。

春秋季额外准备：抗过敏药，鼻子喷雾。春秋季有可能会有大风，如果是室外婚礼，要认真考虑下你的婚纱、头纱会不会非常轻易地被风刮起来。

琰琰的婚礼小提示

1. 我强烈建议正在读我这本书的策划师、化妆师，可以自己准备一个急救包，里面放好常用品，并告知新娘你准备的物品清单，让她安心。另外，策划师记得提醒新娘自行准备好私人物品，比如常用药物、隐形眼镜等，这样可以省去新娘的很多精力。

2. 急救包的负责人可以是你的伴娘，她需要知道这个包里的每一样单品及其对应的作用。比如巧克力能量棒，伴娘可以在你空闲的时候让你吃掉，而不是等你主动索取。请记住，你在婚礼当天的精力是有限的，这些细节必须让他人代劳。

好啦，新娘的备婚物品就介绍完了。我的公众号上有上百篇此类文章，还有更详细的测评、品牌推荐、网站推荐之类的。

这本书读到这里，有关备婚的各种步骤、细节、注意事项，相信你已经有所了解。最后，我总结了一份备婚 50 件事的清单，以及婚礼前 24 小时检查清单，供你参考。

备婚 50 件事

1. 确定婚期

2. 与家人一起草拟宾客名单，统计宾客人数

3. 看相关婚礼网站，找灵感和素材

4. 预订婚礼策划，沟通初步方案（根据风格、形式）

5. 预订婚宴场地（根据人数 / 风格 / 形式 / 预算）

6. 组建婚礼服务团队（策划师 / 主持人 / 化妆师 / 摄像师 / 摄影师）

7. 安排蜜月行程

8. 选择婚纱照团队，确认拍摄档期和拍摄地，并完成婚纱照拍摄

9. 确定相关人员（伴娘 / 伴郎 / 花童 / 主婚人 / 证婚人）

10. 确定新娘服饰，定制需至少提前 3~6 个月

11. 确定新郎服饰，定制需至少提前 3~6 个月

12. 确定双方父母服饰，定制需至少提前 3~6 个月

13. 确定伴娘、伴郎、花童服饰

14. 新娘新郎开始保养皮肤、定期护理、运动健身

15. 新娘预约化妆师试妆，确定婚礼当天妆面造型

16. 新娘新郎及双方父母预约试婚纱、礼服，定制西服，试鞋等

17. 确定主婚车、辅车及摄像车（如需）

18. 规划车队接亲路线

19. 选购钻戒、三金、手表

20. 与策划师、花艺师等沟通婚礼布置方案和婚礼流程

21. 根据婚礼流程、现场布置、拍摄需求及风俗，购买婚礼所需物品

22. 整理电子版照片，准备婚礼当天播放视频所需素材（婚纱照 / 生活照 / 成长照片）

23. 定制婚礼标志和插画形象等

24. 设计并制作婚礼请柬（纸质版 / 电子版）

25. 发送请柬并记录宾客回复情况，根据回复确认婚礼参加人数

26. 设计并制作婚礼桌卡、席位卡、答谢卡、签到簿、糖盒等纸品

27. 准备伴手礼

28. 购买喜烟、喜糖、喜酒、饮料、水果、干果

29. 确认婚礼仪式当天蛋糕及甜品台方案

30. 与策划师沟通并确认婚礼当天音乐风格

31. 与花艺师沟通花艺设计方案、手捧花等

32. 制作婚礼视频

33. 与场地酒店沟通（试菜，确定菜单、酒水、桌数，根据婚礼装饰方案与其协商预留足够布场时间）

34. 拟定主证婚人及双方父母发言稿

35. 新娘新郎准备婚礼誓词及答谢致辞

36. 与策划团队确认婚礼当天人员分工和到达时间

37. 安排专人负责接送宾客以及往返机票、住宿预订等

38. 建立婚礼微信沟通群，并分配任务（亲友团队负责引位、签到，伴郎伴娘团队负责车队管理、物品管理）

39. 与主持人沟通仪式流程

40. 与摄影摄像团队沟通拍摄想法（场景风格、照片数量）

41. 试穿服饰、核查所有物品准备情况

42. 换新钞、零钱，确定红包数量并装红包

43. 婚礼彩排（熟悉流程，宣誓预演，训练台步，表情管理）

44. 检查酒店设备（灯光、音响、话筒、显示屏）

45. 确定婚礼当天仪容（新娘美容、美发、手部护理、美甲、脱毛，新郎剪发、设计发型）

46. 婚纱、礼服、婚鞋分装保管

47. 准备新娘婚礼急救包

48. 布置婚房

49. 婚礼前一天放松心情，睡个好觉

50. 在婚礼当天享受你的婚礼

婚礼前 24 小时检查清单

新娘家

· 新娘服饰

主纱、出门纱、迎亲服、敬酒服、晨袍、睡衣、头纱、手套、项链、手链、耳饰、头饰、婚包、婚鞋、平底鞋、拖鞋、丝袜、胸贴、无痕内裤、蜜桃臀垫

· 伴娘服饰

伴娘服、晨袍、手腕花、相关配饰、鞋

· 父母服饰

礼服、胸花、配饰、鞋

· 用具

各种合影及婚礼外景拍摄道具、堵门游戏道具、一次成像照相机、相片纸、蒸汽熨斗、新娘急救包

· 招待宾客物品

干果、一次性纸杯、烟灰缸、纸巾、喜烟、喜糖、喜饼、水果、茶叶、矿泉水

· 婚礼习俗用品

红色托盘、敬茶茶杯、跪垫、“枣生桂子”、喜碗、喜筷、饺子 / 汤圆 / 面条、真戒指 / 假戒指、戒指盒、戒枕、大小空红包、新钞 / 零钱、电子鞭炮、花瓣、誓言卡、改口红包

· 婚房装饰用品

四件套床品、喜字抱枕、婚纱照相册 / 摆台、桌旗、喜字门贴 / 窗贴、对联、红色摆件、发财果、挂饰、红色抽纸袋、“枣生桂子”篮、气球、拉花、气球充气泵、拱门、楼道装饰物、地毯、双面胶 / 蓝丁胶、剪刀

婚礼前 24 小时检查清单

新郎家

· 新郎服饰

定制西装、衬衫、备用衬衫、领结、领带、领带夹、胸花、腰带、口袋巾、袖扣、皮鞋、中筒袜、内衣、睡衣、拖鞋、手表

· 伴郎服饰

· 西服、衬衫、相关配饰、鞋

· 父母服饰

礼服、胸花、配饰、鞋

· 新郎日用包

充电宝、备用鞋带、擦鞋工具、剃须刀、剃须液、头发定型喷雾、指甲刀、胶带、创可贴、纱布、漱口液、解酒药、平时服用的药物、止汗剂、口气清新剂、牙线、纸巾、湿巾、手帕、香水

· 用具

各种合影及婚礼外景拍摄道具、堵门游戏道具、一次成像照相机、相片纸、可携式蒸汽熨斗、挂西装和衬衣的衣架 / 衣袋

· 招待宾客物品

干果、一次性纸杯、烟灰缸、纸巾、喜烟、喜糖、喜饼、水果、茶叶、矿泉水

· 婚礼习俗用品

红色托盘、敬茶茶杯、跪垫、“枣生桂子”、喜碗、喜筷、饺子 / 汤圆 / 面条、真戒指 / 假戒指、戒指盒、戒枕、大小空红包、新钞 / 零钱、电子鞭炮、花瓣、誓言卡、改口红包、手捧花、浇水喷壶、压床娃娃

· 婚房装饰用品

四件套床品、喜字抱枕、蜡烛香薰、婚纱照相册 / 摆台、桌旗、喜字门贴 / 窗贴、对联、红色摆件、发财果、挂饰、红色抽纸袋、“枣生桂子”篮、气球、拉花、气球充气泵、拱门、楼道装饰物、地毯、双面胶 / 蓝丁胶、剪刀

· 酒店迎宾物品

黑色笔 5~10 根、签到本、婚礼当天所需 U 盘和数据线、按宾客份数准备的喜糖和伴手礼、水果、干果、喜烟、酒水、大小喜字、婚纱照相册 / 摆台、插线板、桌卡、迎宾牌、红包

CHAPTER

7

关于婚纱照，我有话要说

婚纱照不是筹备婚礼过程中的必需品，没人规定结婚必须拍婚纱照，也没人规定必须用高昂的价格购买几百张照片和一大本相册，才可以去结婚。不拍婚纱照，或只拍一两张好看的订婚照，或自己拍个合影，都没问题！我想强调的是，你完全有权利选择。

在西方婚礼里，婚纱照几乎是不存在的。我以前教过的美国学生来参加我的婚礼，当天在门口看见了我和邱老师的婚纱照迎宾牌，结果就一脸茫然地问我："琰琰，你跟邱老师已经结过一次婚了吗？"这就是中西文化的差别。

在国内，拍摄婚纱照很流行，大家都在拍，长辈也期待看。在这个大环境下，国内有很多大型的影楼专门售卖婚纱照，新郎新娘第一次结婚，一听说可以随心拍，什么风格都能拍，就很容易被吸引。但其实这里面的学问可真不少，如果你不去思考，拍出的照片不仅会让人失望，还会花一大笔冤枉钱。这一节，我就打算像聊婚礼一样，把婚纱照这件事给你掰开了说。

1 | 2

1/2 摄影：卜马

CHAPTER 7

1

婚纱照的“深坑”

在写这一节的时候，我特意在社交媒体上搜了一下，结果让我大吃一惊！在互联网这么发达的今天，怎么还会有这么多新娘被坑呢？难道信息差这个问题这么难解决吗？

所以在此，我就想对所有看到这本书的新娘说一句：无论你找哪一家机构拍摄婚纱照，请你务必先去网络上搜一搜真实的客片，也就是看看和你一样的普通人拍出来的照片是什么样的，而不只是看商家展示的相册。关于如何分辨客片和样片，后面我还会详细说。

除了客片和样片有区别，最容易被坑的环节就是增加修片数量的二次消费：套餐包含的照片数量有限，想要把更多的照片加入相册里，就要花更多的精修费，这样一来，本来几千元的套餐，最后通常要过万元。我认识的一位新娘，后期整整加了六十多张，费用多了好几万元，真的把我惊到了！除了客片和样片混淆、选片加价、必须花钱买底片等拍摄类二次消费，拍婚纱照的服装也有很多套路。

新娘 joy 就是在某大型网站上搜到了广告位第一的影楼，选了套餐，交了定金。拍摄前一天被约到店里选婚纱，走入的第一个房间全是外拍婚纱，款式老不说，还脏兮兮的，破旧不堪。销售一看 joy 看不上，立马就把她带到了第二个房间，这里的婚纱明显精致了许多，但想要这间房里的白纱，那就只能额外付费了，随随便便就要几千元，最初货比三家后挑选的打折婚纱照套餐立马就过万元了。

joy 的故事还有续集，她花 6 000 多元订了影楼套餐之后，又加 3 000 多元订婚纱，本以为 1 万多元就能搞定了，没想到选片当天，销售告诉她，时间有限，照片只看一次，不选就错过了。结果你猜怎么着？她又选了 78 张入册，外加 70 年不褪色的升级相册和展示架，还有摆台，最后整整花了 2 万多元。走出影楼大门的一刹那，她就后悔了。

虽然我现在可以为你列出几十个避坑指南，但之后还会有新的套路等着新娘，与其跟影楼斗智斗勇，不如远离这些套路，咱们一起看看婚纱照的本质吧。

摄影：卜马

CHAPTER 7

2

你花在婚纱照上的钱，究竟花在了哪

回想一下你身边结过婚的朋友，你看过他们的婚纱照吗？请问，有没有哪一次，你注意到了相框的材质、相册的大小，或者新娘身上的婚纱是不是高级定制、真丝面料？你发现了吗？你看的其实只是照片里的人！拍摄照片对我们来说，就是记录这一瞬间的自己。

你可能不知道，拍婚纱照的四个方面分别是：摄影，“服化道”（婚纱、礼服、化妆、造型、影棚、场景、灯光），服务，后期。不管你的婚纱照预算是几千元还是几万元，你这笔钱都平均花在这四个方面。

严格意义上，市面上所有的婚纱照，都是这四个方面配合的结晶。传统影楼为了高效、高产能、维持稳定，会在控制成本的基础上输出婚纱照。

这四个方面比较常见的搭配比例是：70%“服化道”+20% 服务 + 8% 摄影 + 2% 后期（上下浮动）。这种比例产生的作品，就是大部分中国式婚纱照——换个脸都一样，这是实话，但以前没人敢说。婚纱照为什么如此雷同？因为摄影的比例太小了。一张照片的灵魂，不在于“服化道”，而在于人！这个人，就是摄影师！有句特别俗的话你肯定听过：摄影是你走过的路，读过的书，看过的电影，听过的音乐和爱过的人。

说得直白点，摄影师的认知水平，决定了婚纱照的质量。

我的一位摄影师朋友告诉我：婚纱照的核心是照片，照片的核心是摄影，摄影

摄影：三段锦

的核心是摄，摄的核心就是人！想拍好一张婚纱照，你要看重的是摄影师这个人，四个方面中比例最高的应该是摄影师。选择摄影师最直观的方式就是面谈，但我们大多数时候都只能看看他的作品。不过作品会说话，试着去想象作品上的人：换个脸，一样吗？你是只能看到新娘的美，还是能看出她的情感个性？

好照片有一种厚重的文化底蕴，是禁得起时间打磨的。而普通的婚纱照，随着时间的流逝，逐渐褪色。

CHAPTER 7

3

婚纱照，哪家强

哪个套餐划算？哪个影楼的价格低？哪家衣服多？哪家拍的时间长？哪家给的片子多？哪家拍的场景多？比来比去，其实你忘了最核心的方面：摄影师！所以你需要去研究一下这家拍摄机构的经营者，包括他的摄影风格、摄影成就以及他手下的这些摄影师从业多久、有何成就。摄影就像一门手艺，能不能拍好，靠的不是机器，更不是相册相框那些道具，而是摄影师。

我现在把摄影师、“服化道”、服务、后期这四个部分对应的入门版本和高阶版本，给你一次说清楚。

1. 摄影师

跟每一个职场人一样，摄影师的价格也是跟他们的从业年数、经验、能力、名气等息息相关的。时尚摄影师陈漫拍摄一组片子收费几十上百万元，刚入行的摄影师可能只要几百元。

如果样片的摄影师是“陈漫”，给你拍的是“实习生”，你说区别能不大吗？

你用招聘的思路去思考摄影师的区别就可以了：看他拍过的作品，确认他的经验、简历，了解他的级别。

如果用拍电影做比喻，我认为婚纱照摄影师就相当于一部电影的导演，是灵魂人物！

2. “服化道”

服装：婚纱、礼服

化妆：化妆、造型

道具：影棚、灯光、内景、外景

别着急，我一个个说。

先说“服”。

婚纱和礼服的质感、剪裁、面料、新旧，差距不要太大！这个部分，其实不用我多介绍，你一看便知。

很多新娘不理解，认为衣服对照片没影响，

修图软件后期也能解决，但是衣服的质感和剪裁是修不了的，很多照片看着不高级，就是因为服装不够好，你去看看时尚博主跟我的穿搭区别就知道了。更何况，你穿着剪裁、面料好的衣服，人的精神状态是不一样的，就算衣服能修，你的情绪也是无法修的。

再来说“化”。

化妆品的区别我就不聊了，我认为比化妆品重要一百倍的是化妆师。有人可能会问：化妆师有啥区别？化妆不就是个简单事吗？可是你想想，一些女明星为啥越来越好看了？因为遇到了对的化妆师、造型师。

简单的一句话：高阶造型师，是把你变美；低阶造型师，是把你变成另一个人。

1/2

1/2 摄影：三段锦

最后说说“道”。

有一说一，我认为在道具上，没有能比过大影楼、大机构的，有各种内景、外景、实景道具，包下几万平方米的场地给你拍都行，毕竟流量大，拍的人多，道具成本就能赚回来。道具的优劣我也不说了，看影棚、看灯、看外景地、看拍摄地、看场景，都是肉眼可见的区别。

3. 服务

市面上大部分大机构的服务是真好，我反正觉得，直接去拍，啥也不用操心。服务主要指的是从咨询到前期准备拍摄，再到拍摄这一过程。总之，你能清晰地了解每一步，随时有人和你沟通，你会感觉安心，被尊重，很放松！

当然，个别机构会出现恶意二次推销的行为，大家一定远离！

4. 后期

后期主要指的就是修片，当然也包含配备相册、相框之类的产品，后者我就不多说了，毕竟你们都看得见。关于修片，我稍微说几句。

修片的价格区别，你在电商平台看一圈就知道了，从十几元每张到几千元每张不等，市面上大部分婚纱照拍摄机构修片都不太贵，但也有反例。

总之，修片跟修图师的精力消耗、用心程度、技术、审美、经验等诸多因

1/2

1/2 摄影：三段锦

素相关。好的后期确实能让照片像一件艺术品，而潦草的后期呢，还不如不修。

好啦，以上就是婚纱照花费的四个组成部分。

最后，我说点掏心窝子的话，纯属主观想法！

第一次结婚，大部分新娘比较看重“服化道”。但也有小众文艺的读者正相反，认为只要摄影师好，照片就没问题。

在我眼里，这两者缺一不可。还记得《流金岁月》中女主角有多美吗？整部剧也很有质感，那就是“服化道”的功劳。一张照片也好，一部电视剧也罢，“服化道”绝对是决定质感、高级感、艺术感的点睛之笔。

不过呢，也不能只看“服化道”！摄影师决定了照片是否深入人心。

只看重“服化道”的婚纱照，人们可能不愿意再看第二遍，这也是为什么大部分人的婚纱照都压箱底，后来没再翻过，就算挂在墙上，也很少欣赏。

只看重摄影的婚纱照，就像是小众文艺片，故事好但很容易跟手机拍的日常生活照混淆，用薯条他姥姥，也就是我妈的话来说，就是“不显好”。

拍婚纱照如果能在“服化道”和摄影上平衡好，有灵魂又有故事，有质感又有幸福感，就非常难得。

1 | 2

1 摄影：三段锦

2 摄影：黄小毛

CHAPTER 7

4

琰琰私藏的婚纱照秘籍

为了给你们打听秘籍，我特地跑去问了两位曾经就职于时尚杂志、策划过杂志大片的总监。我自己也曾受邀登上《时尚新娘》杂志，当时现场拍摄的总策划也是我的好朋友。下面我分享行业内比较专业的一个拍摄策划过程，供你们参考。就算你不想花这么多精力策划（毕竟你不是专业的），你至少也能从我写的幕后制作流程里，看懂拍婚纱照的本质。

在拍婚纱照之前，要清楚你们的拍摄主题。比如校园情侣可能会回到学校，穿上校服拍摄婚纱照；电影爱好者可能会拍跟电影相关的场景；在健身房认识的，干脆就拍一组健身主题的照片。像我跟邱老师就拍过很多不同风格、主题的婚纱照，有的甚至是不穿婚纱的。虽然拍婚纱照的主题太常见了，就容易显得不高级，比较少见的主题就显得有品位，但我觉得，婚纱照的拍摄场景还是你们说了算。选好想要拍的风格之后，就是确定地点、场景、服装、造型等细节了。一般我会建议新娘在社交媒体上找一些灵感，然后结合自己想拍摄的风格，甚至可以额外购买一些道具，这些综合起来就是一次拍摄的整体策划了。这里面的细节可复杂可简略，最后的照片其实是前期策划、服装、道具、摄影、造型和新郎新娘等的整体呈现。这下你明白了，一个好的摄影师或工作室就是帮你完成整个拍摄过程的整体呈现，不是一天、一小时、一下快门那么简单。所以好看的婚纱照就像一部好看的电影，是心血换来的，而不是流水线产品。

1 | 2
3 | 4

1 /4 摄影：三段锦

2 摄影：鲁大潘

3 摄影：拿十造像

CHAPTER

8

真实婚礼

别人的婚礼都长什么样?

前面写了那么多婚礼攻略，在第八章，我想给你看点我们身边真实的婚礼，相信这些活生生的案例绝对能让你感叹："哇，原来婚礼真的能这么办！"

为了写好这一章，我翻了几年来所有的读者投稿，结果连我自己都不敢相信，这几年来，我竟然以这种形式——看大家发来的照片和视频，"参加"了上万场婚礼，有种身临其境的感觉。但问题也随之而来，我要在这么多的婚礼案例中选出几场婚礼跟你们分享，实在不是一件容易的事儿。

纠结了足足一周之后，考虑到这毕竟是一本实用性的书，我最终决定选出五场最有代表性、最能给你灵感的婚礼。这每一场都是我曾看哭又看笑了的婚礼，也都是我给新娘讲解备婚事项时当作例子的婚礼。你还可以去我的公众号看更多的真实婚礼。好啦，下面就跟我一起去"参加"婚礼吧!

CHAPTER 8

1

300 ㎡破旧老楼天台搞定这场超美婚礼

新郎：田原 & 新娘：张茜

婚礼坐标：咸集

婚礼人数：70 人

摄影：余伟

你能想象在一片老旧市井区的一个不起眼的天台上，举办一场超美的婚礼吗?

闹中取静，在城市中享受自然，婚礼场地更让人惊叹。

关于婚礼

我在筹备这场婚礼的时候，几乎一点阻力都没有，父母和大锤（新郎）都全力支持，时不时还怕我花钱太多，给我转账。

对于布置、场景、创意方面，大锤觉得交给我完全不用操心，而他就负责后期的流程和音乐部分。因为我的婚礼餐桌是租借的，桌子的质感和颜色不太一致，为了保证婚礼的整体色系，我自己去荷花池市场买桌布和餐盘布。

桌布选择了柔和的藕粉色和乳白色，雪纺质地。

餐盘布选择的是有一点压花的浅咖色棉麻布，我专门请缝纫师把它们做成一张张小方巾。

我偶然发现了特别好看的蕾丝布，就买来作为婚礼的装饰。手捧花上系的丝带，是手撕的布条，特别自然。

因为婚礼是在初秋举办，我想要一些季节感的元素，第一时间就想到了芦苇。

我们欢快地背着小包包出门，到了距离成都市区大概 1.5 小时车程的一片芦苇地。

记得那是 9 月大降温的前一天，我们顶着烈日走进芦苇地，采芦苇，后来还玩了一会儿水和石头，超开心。天地清澈，心也就明亮。

我家大锤是一个上进的实验室理工男，我想把他工作上的东西，跟我喜欢的事融合在一起。我突发奇想，桌上的装饰用了培养皿，签到桌花用了做实验的天平秤，通向主舞台的装饰也是在试管和三角烧瓶上插花。

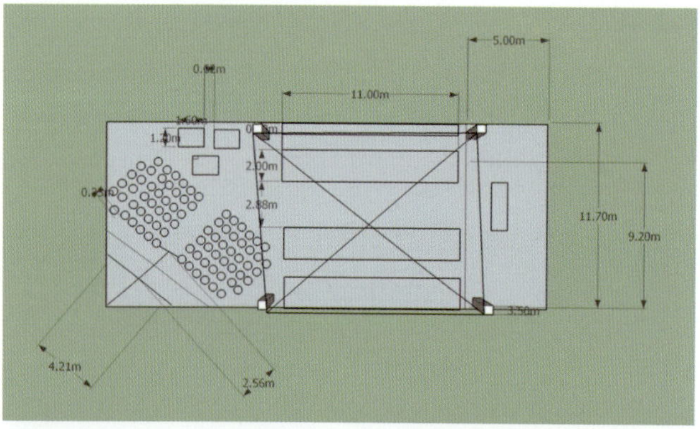

实验器具是我骑共享单车去二环路口龙舟路一家店买的，老板给我包装得特别好，有两大包。

我把它们挂在车头的两边，不敢骑行太快，感觉是在谨慎地做一件特别重要的事。

即使是一场随意轻松的婚礼派对，其实很多地方也是需要谨慎对待的。

我婚礼上的仪式区、就餐区、表演区都是在同一个空间内，所以为了准确划分区域及比例，我临时学习了建模。

量定了每位宾客的就座空间、就餐空间后，再画图来确定区域大小、排列方式。

软件很好用，不过我还是新手，请允许我献上拙劣的“画作”。

我和大锤在之前就商量好不拍婚纱照，而是在婚礼当天请摄影师来记录。但在婚礼临近要发请帖的时候，才想起我们还没有正经的合照呢。于是一天下午，大锤来接我下班的时候，我们在店门旁边随便拍了几张。

傍晚五六点，店门口的光美得根本不用修图，但关键还是模特儿美，对吧！

后来我还请插画师根据这组照片，画了插画。

关于流程

给大家分享一下我的流程，如果从化妆开始算，我的婚礼流程是这样的。

下午：

13：00—14：00 化妆

14：00—16：00 拍外景

16：00—17：00 彩排

17：00—18：00 迎宾

18：00—18：30 换造型

18：30—19：00 仪式（主持人开场、伴郎致辞、宣誓、交换戒指、合照）

19：00—20：00 婚宴（弦乐四重奏）

20：00—21：00 婚礼派对（新郎表演节目、两个小游戏）

婚礼前 1~2 天我就把所有的筹备事宜向工作人员交代清楚了，婚礼当天我就比较轻松了。

关于我们

我们在一起8年，有6年都是异地恋。大锤慢性子，超温柔，是我身边一股“逆流”。

大锤在婚礼派对上唱了朴树的《猎户星座》。

他说有天我们行车在二环的高架桥上，夕阳的余晖洒下来，我听着收音机里放这首歌就流泪了。我开车经常会莫名其妙地哭。

大锤说我是他的一场“意外”。

婚礼那天是周五，也是中秋假期前的最后一个工作日。

因为我喜欢夕阳，所以我们的仪式在酒店屋顶的天台举办，时间定在6点30分。

那天是9月以来难得的好天气，都说户外婚礼看天，我在婚礼前一个月就开始提心吊胆、查天气预报，祈祷也算灵验了。

临近节日，城里特别堵，很多好朋友都是下了班一路狂奔而来。

但仪式开始的时候，大多都坐齐了，阳光从侧面洒下来，真的特别美好。

关于细节

父母和大锤没有给我任何限制，所以在筹备婚礼的时候，我几乎完全是按照自己的意愿在做。

对在意的事情多花心思、花钱，对不在意的事情就删繁就简。

布置的细节、伴手礼、誓词、手捧花、餐食的品质，才是我最重视的方面。

① 伴手礼

伴手礼是我们店里的小伙伴制作的，里面是一个笔记本、漂浮瓶花或相框花和一本《月亮与六便士》。

帆布袋也是定制的，特别好看，和当天的氛围很搭。

这样的伴手礼更能体现我们的用心吧。

② 餐食

晚餐是自助餐、烧烤和甜品。之前参加的很多婚礼上，甜点台上的点心，在吃的时候奶油都化掉了，非常影响口感。所以我们的婚礼甜点，都是甜点师下午4点在婚礼现场制作的。

③ 酒水

酒水是起泡酒、进口啤酒和果酒。

除了起泡酒由服务员倒进高脚杯，其他酒都摆在餐食台上，自行取用。

令人惊艳的是果酒，它是一个不太知名的牌子，我觉得用在婚礼上应景就买了，结果很多人都说好喝，十二瓶完全不够。

④ 婚纱、婚鞋

其实我不太喜欢亮闪闪的东西，加上我当天要走来走去，所以选择的是简单的礼服和鞋。跟高 5 厘米的复古小白鞋，穿着走路很舒服，站一天，一点不累。

写在最后

第一次结婚，我作为新人、策划者、执行者全程跟进，很多事、很多环节都是第一次接触和学习。

我特别满足于自己现在的状态，知道自己究竟在干吗，能勇敢地说出想要什么、不要什么，这离不开家人的支持。

我和大锤的誓词，通篇没有一个“爱”字，但他的存在，对我来说就是力量。这是无论多少年后，我都想对他说的话。当然最后还是要拥抱真实的自己，我从体制内辞职时告诉自己：希望有一天能摆脱他人的期待，成为自己。

好开心，我在努力，我在慢慢接近理想的自己。

CHAPTER 8

2

新冠肺炎疫情下，在自家院子里直播结婚

新郎：Cara & 新娘：王涵 Kyle D Potter

婚礼坐标：加州墨菲斯

婚礼人数：线下 7 人，线上 30 人

摄影：signed

这是一场在新冠肺炎疫情下，亲朋好友用直播方式参加的婚礼。好了，欢迎来到 Cara 和 Kyle 的婚礼。

关于我们

我是土生土长的上海人，研究生毕业就从雪城搬去了纽约市工作，住在一个叫杰克逊公园的公寓，有点类似国内的“小区”，楼里的住户共享楼内所有的设施，所以楼里社交很普遍。我在泳池认识了菲尔，2018 年感恩节前后菲尔组织了一场派对，有三分之一的人都住在杰克逊公园，其中就包括波特，他是土生土长的加州人。

我看到波特微信名称里有“波特”这个姓氏，就对他甚有好感（因为我是一个哈利 · 波特迷）。除了邻居聚会，我们俩经常单独行动，逛博物馆，看展览，去林肯中心的电影中心看黑白电影，有时候甚至一起看美剧到夜里 3 点。

2018 年陪我跨年后，他因为工作去了加州，整个公路旅行一共七天。就在他横跨美国的七天里，我们确定了关系，从此之后我们就在湾区、纽约两头跑，直到我决定回上海。2019 年 12 月，他搬去了越南胡志明市。

2020 年 1 月 17 日，他来上海陪我过春节，之后由于新冠肺炎疫情，我们困在了上海。那时我每天夜里两三点到家，加之新冠肺炎疫情使整个行业受创，我爸妈对我从事乙方的工作也不是太满意，所以我们决定一起回美国。

为了从第三国入境美国，我们在泰国待了近一个月，其间我们决定结婚！2020 年 3 月底才回到加州，新冠肺炎疫情来势汹汹，人生有太多不确定性。

TIMBERCRAFT
171
NO PARKING

关于婚礼

新冠肺炎疫情期间，连郡政府也关门了，我们只留下了电话联系方式。2020 年 6 月初的一个周五，我接到电话，被告知下周一下午 3 点有个空档，可以申请结婚许可证的面试，然后直接结婚公证，一切都可以在 zoom（手机云视频会议软件）上举行。由于一切来得太突然，我们只好告知朋友这是一个 zoom 婚礼，到时候发链接！

身边的朋友都非常震惊，但是他们都了解我是怕麻烦的人，真要举办一场正儿八经的婚礼也不是我的风格，加之朋友、父母都分散在世界各地，新冠肺炎疫情使各个国家要么封锁，要么取消航线，大家也就接受了 zoom 婚礼这个事实。

波特爸爸提出要进行一次 zoom 婚礼测试，结果软件、网络都没有问题，就是感觉形式太奇怪了，跟平时公司开会没有什么差异，我们左思右想，觉得 zoom 婚礼着实有些不靠谱，所以就发邮件取消了第二天的 zoom 婚礼。当天我们达成共识，等到旧金山市政厅开门了，当面登记结婚，还能有个小小的仪式。

第二天，波特爸妈回到家里，正值日落时分，夕阳穿过松树林，美不胜收，于是我们就有了在他们家后院举行婚礼的想法！

在摄影师安妮的一步步引导下，我们的婚礼雏形和具体的细节越来越明晰，一切都以跟松树林相搭配的木质色为主。

关于仪式

仪式前一天，波特和他弟弟就设置好了电脑、麦克风、摄像头，而仪式暂定在下午3点，不过也取决于牧师的时间。由于是新冠肺炎疫情期间，牧师以上有老下有小为理由婉拒了，结果波特妈妈发长邮件去跟他解释我们的婚礼不会超过10个人而且在室外，牧师在她的劝说下方才同意来主持这场婚礼。

因为我对结婚没有丝毫研究，就连first look也是从安妮那里听说的，一开始担心会有些肉麻，但没想到留下的全部都是自然、真实的感动。

我们把zoom（在某种意义上还是zoom婚礼）链接提前发给了亲朋好友，如我的爸妈，我的同学，我和波特的朋友。

zoom上的朋友来自四大洲（非洲代表错过了）的十二个国家！

仪式结束后，我们去镇上外拍。

晚餐定在7点左右，由餐厅送过来。那家餐厅本来不做任何外带食物，在波特妈妈的游说下，老板对这场婚礼变得异常热情，承包了午餐和晚餐，还做了许多菜单上没有的食物。

晚餐在7点准时送达，并且临时组了一个餐饮服务团队！

关于细节

蛋糕刀是波特妈妈在家里找出来的古董，她和波特爸爸婚礼上用的就是这把蛋糕刀，所以后面刻了他们的结婚日期，对于我们来说这是一种爱的传承。

晚餐的餐盘都是古董瓷器，来自波特的外婆，波特妈妈一直把它们保存得很好。

我对珠宝似乎一直毫无兴趣，再加上没有时间去挑选或定制，就去蒂芙尼随便买了一个，是个带银球的款式而不是一颗大钻石，我觉得也符合反钻石工业的小小心声。

这双拖鞋是我在上海加班时被突然弹出来的广告诱惑后买的，后来我把它带到了泰国，但一次也没穿过，谁知一路又带回美国。婚前在各种网站看鞋，也没看到中意的，最后想到我还有这双！

写在最后

婚礼就是人生中带着标记的一天，标志着成长，标志着新的开始，标志着来自四面八方的众多亲朋好友的祝福。唯一的遗憾是我的父母因为这个特殊时期不能亲临现场，但我计划在新冠肺炎疫情结束后回上海也办一个相应的仪式。

人生没有彩排，往往与预期不符，所以我们选择了一场没有彩排、没有预期的婚礼，正因如此，婚礼上摄影师捕捉的镜头才显得更为真实、更为自然、更为动人。

相片是对我们人生中重要时刻的记录，激发了我们对生活意义的思考。

CHAPTER 8

3

小型派对 & 传统家宴，你也可以两全其美

新郎：肖帅 & 新娘：乔雅倩

婚礼坐标：成都

婚礼人数：早宴 25 人，午宴 300 人

摄影：给她拍照 - 李鹏

这次婚礼的效果是很让我们意外的，我和先生从来没想过要办一场多么完美的婚礼。

只是希望借这个机会感谢彼此，感谢朋友，感恩父母。

关于备婚

我和先生的审美几乎是一致的。

他很喜欢摄影，所以选择摄影和摄像团队这部分都是他来把关的，其他的都交给我来做，他负责鼓掌。

家人最大的支持就是完全没有干涉我的安排，哪怕觉得我选的配色过于素雅等。

我一直都喜欢饱和度低的颜色，搜了一些案例图片后就很快确定自己想要的色调。

跟自己装修房子一样，我对风格没有太多限制，符合自己的审美就好。

最初根本不想办答谢宴，只是想和父母及朋友开个五十人以内的小型 party。

跟父母沟通后，虽然能理解父母想宴请他们的众多同事、朋友的需求，但又不想放弃和朋友小聚的初衷。

Xiao+Qiao
June 23, 2018

很希望布布（我们的狗）能参与我们的婚礼，而酒店不允许宠物入内，所以一直特别矛盾和纠结。

无意中看到一位新娘的婚礼早午餐创意后，觉得这可以完美化解我的矛盾。

吃早餐的小院子是可以带狗入内的，第一时间跟策划师说了我的想法，这个环节就立马确定了。

我们的早餐场地距离午宴酒店不远，步行十分钟就到了。

希望既能满足父母的要求，举办室内酒席，又能在户外举办仪式。

酒店宴会厅外的露台能同时满足这两个条件，而且路径连接便捷。

早餐场地保留了古建筑，也许是受到职业的影响，我喜欢这种带有时间印记的房子。

关于婚礼

婚礼的前一晚，我的姐妹团陪我住在酒店，而先生住在家里。

婚礼当天早上，先生和兄弟团开车到早餐场地等我，和先生还有布布的 first look 就安排在早餐厅。

由于有早餐的环节，化妆师六点就来给我化妆了，而姐妹团的化妆任务就交给了其中一个学过化妆的好朋友，最希望这一天大家都是美美的。

化完妆，我才匆匆忙忙地写誓词

卡，婚礼前几天一直在加班，完全没有时间提前准备。

到早餐场地的时间还是比策划师预计的时间推迟了一些，主要原因是我和三个伴娘一路说说笑笑，还拍了些照片。

越接近早餐厅的时候越紧张，在院子门口已经能看到先生深呼吸的背影和布布敦实的背影。

先生转过来的时候，一下子就哭了，布布也扑向我，那天是我第一次见他哭成这样子。

接过先生事先写好的情书，看完后眼泪就包不住了。

两个人抱头大哭，我之前所设想的“美美地哭”全都抛诸脑后了。

adidas
adidas

adidas

在 first look 环节后，我们就请各位朋友入座一起吃早餐，同时请大家用餐后在卡片上匿名写上和我们有关的小故事。

我们来猜写卡片的人，被猜中的可以获得我准备的小礼品。

这勾起了我们和朋友们的很多回忆，好多人都泪点低，当然最低的依然是我。

接下来是我的一位伴娘发言，她说她知道我爱哭，所以特意不说煽情的话语。

但我还是哭得稀里哗啦，想必这个时候化妆师心里是崩溃的（我把假睫毛什么的都哭掉了）。

我自己还说了几句感谢朋友们的话，之后我们就开始抽卡片游戏啦。

游戏环节后，我们拍了大合照，还安排朋友们陆陆续续前往午宴酒店。

由于我还需要抓紧时间换仪式纱和化妆，我和造型师还有摄影师就决定开车去酒店，其他人慢慢步行过去就好。

在停车场找车的时候，摄影师和化妆师都不断给我拍照，出来的照片我都很喜欢。

到酒店后看到策划师布置的场景，感觉比想象中还美，我和先生又在酒店仪式区拍照，并与早来的长辈和朋友聊天。

化妆后，在化妆间安排了和我父母的 first look。

看着爸妈含着眼泪慢慢走过来的时候，心情很复杂，抱着他们半天缓不过来。

我们的仪式流程很简单，希望开开心心地一起进场。

我们本身不喜欢戴饰品，所以也没有交换戒指这个流程。

主持人简单地宣布开场后，我们交换了给彼此的誓言，先生说的时候，我就努力憋着眼泪。

但听到他说“我越来越不需要那么用力地生活，却过得越来越好，因为有你”的时候，还是泪崩了。

接着我们各自说了一段感谢父母的话，我爸作为家庭代表感谢了今天来的亲人和朋友。

最后就是抽捧花环节啦，有八根丝带握在我手中，其中只有一条连着捧花。

让八个单身朋友一起抽取，抽中的就是得到捧花的幸运者啦。

一位快要结婚的好朋友抽到了，我超级为她开心，期待她的婚礼。

仪式结束的时候，突然就起风了，吹起了我的头纱。

摄影师当然不会放过这个场景，还让先生牵着我走下来。

结果悲催的是头纱被挂住了，狼狈的两个人以取头纱为整个仪式收尾。

真的很喜欢这次自己找的婚礼供应商，觉得他们特别辛苦。

所以婚礼前就跟大家说好婚礼当天晚上一定请他们吃火锅，美好的一天就在火锅中完美结束。

关于细节

❶ 礼服

购买的是成品，本身是吊带款的，云熙帮我把两个肩带缝在一起变成了抹胸款，很喜欢她帮我做的小改动。

2 婚纱

原本是短袖款，跟设计师说自己想要长袖款，她就很用心地给我设计细节。

很喜欢这家婚纱的设计，每次去店里都有特别舒服的体验。

3 敬酒服

敬酒服是逛街时购买的，觉得款式舒服自在，日常生活中也可以打底穿。

④ 请柬

平日的爱好也就是涂涂画画，请柬当然得自己设计了。

设计灵感来自平时我们生活中最常见的元素，运用了圆形镜头感的构图。

九组不同的镜头就做成了我们的请柬，希望它独特又有趣。

印刷技术方面我也是比较了很多，最终选择了凸版印刷，我们都认为纸品的生命力就在于这种可以体验的触感。

5 伴手礼

我是个家居用品爱好者，想把自己喜欢的分享给最亲近的朋友们，也希望这些小礼物是独一无二的。

在精心挑选这些礼物后再加上自己的设计，把它们变成独特又有纪念价值的物品。

在水磨石收纳盒的胡桃木盖上刻了婚礼标志，为了增加木头的质感，自己还挨个抹了一次木蜡油。

此外，还定制了圆形标志牌和标志贴纸，用在收纳盒上。

CHAPTER 8

4

有只小羊做伴娘，一场时髦的草原婚礼

新郎：Even & 新娘：Karen

婚礼坐标：内蒙古海拉尔

婚礼人数：70 人

摄影：西里和兔子婚礼摄影

关于我们

我很小的时候就在姥爷的影响下非常喜欢自然和动物，我现在觉得爱情会和万物一样生生不息。我的先生来自美丽的内蒙古，他也是在内心能和我产生共鸣的人，我希望我们的爱能得到万物的祝福。我们也希望通过婚礼这样一种形式让大家放慢自己的脚步，重新感受自然带给我们的平静，所以这场婚礼也是一场生活的旅行。

关于婚礼

晚宴时，我们选择在河岸边围坐共饮，我们邀请了内蒙古当地人和我们一起跳篝火舞并欣赏了他们美妙的歌声。我们还设计了烟火表演环节，最后特别邀请来宾在河流里放烛灯、许下美好心愿，以此来帮助更多人实现心愿。

餐食提供：菌香园火锅店

关于细节

伴娘团

我当时选择这个场地也是希望达到人与自然的和谐统一，所以伴娘团包括一只小母羊、一个小女孩和我的姐妹们，还有两匹马作为背景，以此来见证我们的婚礼。

伴郎团

我先生希望伴郎可以折射家族亲情，所以选择父亲和弟弟作为伴郎。

戒指

我们特别挑选了古董戒指。他的戒指图案是象征男性英姿的一条环绕的复古皮带，他还叫我用这枚戒指拴住他一生。我的戒指和项链都是爱尔兰“克拉达”系列，该品牌诞生在400年前的一位工匠手里，其经典样式就是双手环抱一颗爱心并顶上皇冠，寄寓“让爱情和友谊主宰一切”。我第一次听到这个寓意就爱上这个品牌了，因为我希望我和先生之间也是爱情和友谊并存，做彼此的爱人和益友。

胸针和领带

我的胸针和先生的领带上的装饰图案都是一只自由飞翔的鸟，因为我和先生都在追寻内心的自由。胸针是先生之前买给我的礼物，我一直珍藏着。先生的领带上鸟的图案是我们的好朋友祁

姐找传统苗绣绣娘绣上去的，我们希望借此让更多人了解传统手工艺。

入场音乐

在我和父亲出场时，我们的好朋友小赫清唱了我们喜欢的曲子《You Belong To Me》。

关于惊喜

我们给每位来宾准备了一个惊喜——我们偷偷在他们各自的微信朋友圈选择了一张漂亮的照片喷印出来，然后在婚礼当天把它们连成照片墙，让这面“墙”伴着夕阳的美好从山坡顶端往下延伸。

CHAPTER 8

5

自家庄园中的婚礼

新郎：珺也 & 新娘：天意

婚礼坐标：浙江杭州

婚礼人数：20 人

摄影：黑妹与猫

关于我们

我们是在朋友的面包店里认识的，我一直觉着我们的相遇十分偶然。当时我觉得她的耳环很好看，还把她添加为微信好友。后来我们就有一搭没一搭地聊天，突然有一天感觉不一样，好像发生了某种不可名状的微妙变化，但也像和其他人交往那样正常来往。

我想着我们之间的故事，想这一切是如何发生的，可能是我忘不掉她身上的味道，忘不掉她看我的眼神，忘不掉她气鼓鼓的样子，忘不掉她熟睡时的姿势，忘不掉她的侃侃而谈或沉默

不语。我们一起谈论过去，也一起畅想未来。秘密或许就藏在这平淡如水也刻骨铭心的时光里，从某一天起我开始悄悄地把她的名字刻在心里，攥在手里，默默祈祷她不会离开。

即使这一切终将化为泡沫，我也愿意从现在开始雕刻我们在一起的点点滴滴。

如果今后只有一首诗伴我生活，我愿意那首诗是她，让我写下冥冥之中最美丽的天意。

新娘婚礼誓词：我们谈论死亡、爱情、魔法、游戏、生命的意义、既视感的音乐、深刻的回忆、彼此的缺点、气味的交换、童年、让人彻夜难眠的东西、不安全感和恐惧，在这一刻我们不只是爱人，还是世上彼此唯一的知情者。

我毫无耐心、怯弱，得不到爱的回报就会感到委屈不平，甚至痛苦和愤怒，精神上的不安全感让我在渴望爱的同时又畏惧亲密关系。和珺也结婚违反了我的本意，我希望在有限的生命里和珺也共享快乐和痛苦，交换信任和依赖。

我在婚礼现场大哭，想起我们曾经跑到光明寺的山上约定不让婚姻成为我们关系的坟墓，不要试图用婚姻束缚对方。当时怎么也不会想到，两个性格差异如此巨大的人，很快就办婚礼了。

关于婚礼

我们曾经幻想婚礼的场地——那些曾经

穿过的原野、经过的城市，我们希望婚礼能定格这些记忆。但当婚礼这一天真正来临，过往的岁月竟开始自然而然地显影，那些我们想要的变得光彩夺目，其他的则沉入背景。婚礼的画卷上逐渐点了几滴黄昏将逝前的墨色，万物都蒙上淡蓝色的薄雾——花朵间晃动的白纱裙、柠檬树边的脚丫、餐前酒里升起的气泡……

当我们明确我们想要的婚礼体验时，一场婚礼的雏形也就出现了。婚礼当然可以是庄严的、正式的，但也可以是质朴的、自然的、纯洁的，我们就想办一场这样的婚礼。

确定了婚礼形式之后，我们就开始寻找场地了。我们找了很多场地，但都不理想，它们有些商业化的东西在里面。

我突然想，不如就拿白屋做场地吧，因为白屋是我和我的同事打造的，当时也想给自己留下点什么，所以最后就决定在这里结婚了。后来婚礼的整体风格也沿用了白屋的视觉风格，我把它叫作“原野婚礼与玫瑰色的诗篇”。

我小时候曾经幻想过这样的场景：夕阳、赤脚、朋友围聚一堂。我也想我和未来的爱人是否可以一起幻想未来，在夕阳的余光下看着对方。

当这一刻变成现实时，一切都美得不可思议。当她骑在马上时，我们走进了人生的第二个段落。谢谢伙伴们的帮助，把我的幻想照进了现实。我希望我的新娘可以记住这些美好的瞬间。

关于婚礼工作人员

我选的是胶片摄影，胶片真的特别好看，特别是 120 胶片和这场婚礼太搭配了，我想要的夕阳的颜色、空间的质朴、群山茶田的背景都被镜头捕捉到了。重点是洗胶卷还那么快，也太厉害了吧！摄像师是一群很有想法的人，他们都是抱着创作的心态参与进来的，为我们调整了很多次成片，剪辑了多次，和他们相处非常舒适。

化妆师给我留下的最深刻的印象是她为我的爱人做了好几个造型，一开始的造型是我爱人的一个日常造型，我的爱人有空气刘海，所以化妆师在这个基础上做了一个造型。化妆师关于造型的构想在我爱人身上找到了另外一种美感，空气刘海去掉之后，我的爱人还是这么美！

我们的服装很符合婚礼调性，我爱人的婚纱是手工的，我的衣服是法国中古店里的一件古装，后来给它搭了一条裤子，我还挺满意的。

司仪是一个帅气的大男孩，非常友善风趣，缓解了我们的紧张情绪，化解了我们在仪式中的很多尴尬。如果说哪里有浪费，可能就是餐食吧，因为我们安排的是法餐，宾客都在拍照，最

后很多菜都没有动。

一定要说说甜品，甜品师非常用心也非常有趣，当天特意为我们的婚礼制作了几款特别好看、好吃的点心，而且它们是根据我们空间的特点进行定制的，当天下午还有教大家动手做甜品的小活动，总之这些符合我的心意。

婚礼预算取决于想办一场什么样的婚礼。我们的婚礼不是那种特别浮夸热闹的，所以成本不是很高。我和爱人觉得婚礼只是为了给我们留下回忆，纯洁、质朴、简单的婚礼依然很美。

关于细节

空间比语言先成为诗，这是白屋所表达的浪漫。我想象中的婚礼是从自然中取材的，就像我们是自然而然相爱的。所以我们希望能保留自然的馈赠，利用白屋自带的自然元素。

等到白屋的花朵盛放，花艺师提前采摘花园的花朵，用这些花朵装点所有的婚礼场景。我最后看到成品的时候，不知道是该惊叹于花艺师的手艺，还是花朵的生命力。花朵存在于不同的场域，与整个空间、整场婚礼一同呼吸与生长，我想这就是我想要的自然。

化妆师也用这些花朵做成了新娘头饰，甚至还帮我用这些花朵做成了一枚胸针，我低头的时候甚至能闻到植物和太阳的气味。

我们也等到了白屋的果实成熟，葡萄、小枣是最好的自然装饰。当然我们的甜品师也熬煮了

一些新鲜的果子，用这些果子制成甜品，孩子们提着小篮子排着队品尝这份属于夏日的甜蜜，然后跟着甜品师学习制作手工糖果。

婚礼中最古老的客人是这些来自世界各地的手工器物，它们来自遥远的法国南部乡村或意大利托斯卡纳市集，作为异域的祝福加入整场婚礼中。

婚礼当天使用的其他中古家具也是我和朋友们从世界各地淘来的，我们觉得它们带着历史的韵味，就想把它们从白屋搬到我们的婚礼现场，让它们也作为来宾一起见证我们的誓言。

我们想要一场干净的、质朴的、以白色为主要基调的婚礼，所以就邀请来宾穿白色衣服参加婚礼。

婚礼上的色彩都来自大自然，比如树林的浓绿、太阳光芒的金色、云的玫瑰色、晚间茶山上空弥漫的蓝色以及牛肉炙烤的白烟和玫瑰红，我热爱这些自然的色彩，它们生来如此，彼此和谐。

关于流程

我们整个的婚礼流程很简单，因为我想让所有人都保持一个比较舒适的状态。我们大约在早上 8 点才开始做准备，先在白屋内吃了早饭，比如面包、咖啡什么的，然后就一边聊天一边等待客人的到来。

仪式定在黄昏时分，因为我想在夕阳西下的时候完成婚礼仪式，然后与朋友们迎着夕阳用餐、聊到月夜，再在月光下共舞。

为了把爱人接到仪式台，我第一反应就是去找一匹马，因为我和她都非常喜欢小动物，我们家里养了四只猫，店里又养了两只狗。我特别喜欢马，于是我决定在婚礼前去马场和那匹马熟络一下。

马场离我们的婚礼场地不远，我把它牵过来之后就一直陪它玩，玩了很久我才想到要让爱人坐上去。马比其他动物更有灵性，好像懂得很多，好像知道我们在办婚礼，特别配合，婚礼之后我都想买一匹马来养，那匹马太可爱了。

我还想让我们的狗狗把那个戒指拿过来，但是狗狗太激动了，都不见踪影，所以就作罢了。对了，说到戒指，我们当天戴的戒指是策划团队为我们做的草戒指，我太喜欢了!

我的爱人骑着马，我牵着马，我们在众人目光的陪伴下进行这场仪式，然后我牵她下马，我们在宾客与茶山的背景前许下誓言，哭成了泪人。

我一边宣读誓言，一边为她戴上草戒指，我们脱下鞋子像花朵一样进入原野。包心菜是最珍贵的新娘捧花，蕴含着果实的甜蜜祈祷。我们一起种下了夏日的柠檬，我觉得这是婚礼中最浪漫的仪式。

仪式结束后，我们一群人就在花园的夕阳与夜色中享受着晚餐，拍照，跳舞，作为伴手礼的酒最后都放到餐桌上喝掉了。

写在最后

对于我们来说，婚礼是见证两个人的爱情之时，不需要热闹，不需要去迎合别人，办一场终生难忘并且可以细细回味的婚礼才最重要。对这场婚礼我们都非常满意，记忆犹新，它太符合我们的预期了。如果问我结婚改变了什么，那大概就是从一个人体验世间变成两个灵魂相互陪伴。